江本孟紀

昭和な野球がオモロい!

日之出出版

contents

第1章　私はこれで阪神を辞めました

1981年8月26日に起きたこと……012
「球団事務所に来てほしい」、妻との電話で明らかになる……014
「ベンチがアホやから野球ができん」騒動のはじまり……016
事情聴取のやり取りの一部始終を公開……016
引退を後悔していなかった2つの理由とは……019
プロで1勝。あとは〝おつり〟でしかない……021
阪神を恨むどころか、感謝しているワケ……023
最後の登板が甲子園だったことには感謝しかない……025

第2章　私にとっての阪神タイガース

今でもブレイザー監督の退団は納得いかん……028
小津球団社長と話し合った末、ブレイザー監督に決まったのに……030
中西さんの本職は「技術職人」だった……032
監督に向いていなかった中西さん……035

「元阪神」の肩書を使う人、使わない人の違い 038
やしきたかじんさんの番組で受けた「大阪の洗礼」 040
24年シーズンの岡田前監督の退任に思うこと 042
兄貴ではなく、「親父」でいたから岡田は勝てた 043
阪神タイガース藤川新監督の起用に思う事 045

第3章 「しごきの文化」はどう変えていくべきか

昭和の野球部時代の話をするプロ野球OBたち 050
「しごきの文化」を簡単に変えられなかったワケ 052
「万が一の恐怖心が勝った」、大学時代のエピソード 054
後輩たちから讃えられた裏に隠されていた真実 057
大阪桐蔭の西谷浩一監督が、しごきを絶やした方法 060

第4章 変わりゆく野球界の常識の中で、変えるべきこと、変えなくていいこと

先輩と後輩の見分けがつかない時代 064
他のチームの選手と仲良くすることの弊害とは 066

他チームの選手との合同自主トレで起きる、3つの弊害とは……069
WBC選手が陥った、他チームの選手との合同自主トレの弊害……071
ノムさんが打撃指導を行わなかったワケ……074
200球、300球の投げ込みは是か非か……077
便器を手で拭いて、舐められますか?……079
これほど厳しい島岡さんが野球部OBから慕われていたワケ……083
令和の今の時代であっても「根性」「気合」は大事……085
長い練習時間は意味がないのか?……088
給水タイムは必ずしも必要とは限らない……091
「古いものはダメ。新しいものはいい」という価値観が間違っている……093

第5章 ノムさんと50年間続いた、複雑怪奇な人間関係

「南海へのトレード」を知ったのは新聞で……098
南海にやって来て、野村監督との最初の出会い……100
野村監督の「褒め過ぎない」スタイル……102
野村監督の「着眼点」と「柔軟性」いう武器……105

私が長髪を切った裏には、サッチーの存在があった …… 106
阪神へのトレードが決まった時、はっきり分かったこと …… 108
「三悪人」の一人とされた門田が、野村監督に抱いた感情 …… 111
「ノムさんは名将ではない」と言われるが？ …… 114
ヤクルト時代に最も勝っていたのは、あの球団だった …… 116
「阪神のフロントがアホだった」から、ノムさんを阪神の監督に招いた …… 119
「あの人はだますのが仕事」と言い切った久万オーナーのノムさん評 …… 122
ノムさん本はなぜ売れたのか …… 123
晩年のノムさんと最後に交わした会話 …… 126
ノムさんを難波に帰ってこさせたワケ …… 129
ノムさんの弔辞を読み終えたとき、本当にお別れだと悟った …… 132
ノムさんに最後に伝えたい言葉 …… 137

第6章 長嶋茂雄さんは永遠のヒーロー

長嶋さんに憧れた野球仲間たち …… 140
73年の日本シリーズでは長嶋さんと対戦できなかった …… 141
私の誕生日に長嶋さんとの対戦が実現した …… 143

長嶋さんからお褒めの言葉を頂いた …… 147
それでも堀内は長嶋さんが好き …… 148
ひょんなことから参院選出馬 …… 151
七夕の日に長嶋さんがやって来る⁉ …… 152
突然のお申し出は一茂君の件が元だった …… 153
7月7日16時。大騒ぎとなった長嶋さんの来訪 …… 154
「巨人の4番」がハチ公前にやって来た …… 157
応援演説に駆け付けてくれた原辰徳の男気 …… 160
自民党本部にスポーツ紙が置かれるようになった背景 …… 163
アントニオ猪木さんの、長嶋さんに対する印象とは …… 164
若手記者にも気さくに話し掛けていた長嶋さん …… 166
「野球を好きになってもらいたい」。そう言った長嶋さんの真意 …… 169
長嶋さんはスーパースターであり、永遠のヒーローだ …… 171

第7章 思い出深い大御所の野球人たち

王さんを抑えることができたワケ …… 176
迷いは見逃さない、王さんのすごさ …… 178

掛布の守備力の高さは、努力を重ねてきたからこそ……179
旅行気分だった阪神の海外キャンプ……182
アスレチックスのキャンプで広岡さんと森さんに遭遇……184
弱小チームが強いチームに変貌した秘密を教えてくれた広岡さん……186
投手によって鍛え方を変えていた金田さん……188
苦笑いするしかなかった金田さんの「あの言葉」……189
金田さんとノムさんに共通して言えること……190
張本さんの普段の姿は、紳士で後輩思いの人……192
「柴田を狙え」と聞こえたあのシーン……194

第8章 江本流・令和のプロ野球を10倍楽しく見る方法

〝フライボール革命〟が日本の打者をダメにした……198
3割打者は5年間でこんなに減った……200
今のボールは「飛ばない」というのはウソ……203
2025年、注目の1人目は甲斐拓也……205
ウエートトレーニングを偏重してはいけない……207
メジャー経験者の偉大な2人が口にしていたこと……209

2人目の注目選手は髙橋光成だ！ 211
3人目の注目選手は「復活なるか」がカギ 212
海を渡った佐々木朗希の評価はいかに？ 214
最後に注目したいのは、やはり田中将大 216
おわりに 219

昭和な
野球が
オモロい!

第1章 私はこれで阪神を辞めました

1981年8月26日に起きたこと

「何しとんじゃ!」

「野球ができへん」

「アホかベンチは!」

甲子園球場のベンチ裏にある、2階の選手ロッカー前の廊下を歩きながら、私は思わず口走っていた。1981年8月26日の阪神対ヤクルト戦での出来事だった。

この時点で阪神はペナントレースではセ・リーグの4位、一方の対戦相手のヤクルトは2位だったが、首位の巨人とは10ゲーム差がついていて、もはや巨人の独走状態だった。

そうした中で夏の高校野球も終わり、死のロードから甲子園に戻ってのヤクルト戦だった。試合は6時半にはじまり、2万4千の観衆の視線がマウンドにいる私に注がれる。

試合が動いたのはヤクルト攻撃の4回表だった。この回に1点を先制されるも、阪神がその裏に3点を取って逆転して、6回裏にもさらに1点追加。4対1でリードして迎えた8回表に「事件」が起きた。

ヤクルトの大杉勝男さん、杉浦亨の長短打に加えて、渡辺進のタイムリー安打で1点を取られ、なおツーアウト一、二塁という場面となり、打席に8番の水谷新太郎を迎えた。

ここで阪神の内野陣がマウンドに集まった。ベンチからどんな指示が出るのか、一塁側に視線を向けると監督の中西太さんの姿がない。

「あれ、どこに行ったの？」

「あっ、本当だ。ベンチにいないぞ」

中西さんは、肝心の勝負どころの場面になると、ベンチから消えてしまうことがあるとは聞いていた。現役時代には最年少でトリプルスリーを達成し、豪打と俊足から「怪童」と称された名バッターだが、監督としては繊細すぎる部分があり、現場を束ねる統率力や瞬時の決断力がなかった。

つまり、ピンチのこの場面においても、「本来の中西監督の性格」が出てしまったというわけだ。

少し動揺していたが、この試合でバッテリーを組んでいたキャッチャーの笠間雄二に、「1球目は様子を見よう」と高めにボール球を投げた。しかし、そのボール球に飛びついて打った水谷の打球はライトのグラブに当たって安打となり、2人の走者がホームインして同点とされてしまった。

結局その後、交代もなく投げ、かろうじて同点に食い止めた。その裏の攻撃で、私に代打が出されてやっと降板、交代となった。ベンチに戻った私は、勝ちを逃したせいもあったが、あきれてガックリきてしまっていた。

そのままロッカーに引き上げる通路で、2、3人の若手の記者とすれ違った一瞬、私は彼らのことなどお構いなしに、冒頭のセリフを発して、ロッカールームへと消えた。

ロッカーで着替えを終えて駐車場に向かうと、各新聞社のキャップが私の車の前で待ち構えている。

「降板後に大声で『ベンチがアホ』とか言ったのは本当なの？　もし本当なら記事に書くけどいいの？」

そう聞かれたので、私は「記者さんに直接言ったわけではないが、それらしいことは確かに言ったよ。書いていいよ」と開き直って答えた。

「球団事務所に来てほしい」、妻との電話で明らかになる

その後、私はいつもの行きつけのスナックで気をまぎらわそうとしていたが、この日の試合のことが頭から離れないのと同時に、あの発言のことで明日は騒ぎになるな、という予感がしていた。

一方で、私がカッとして独り言を発した通路は、チームの他のピッチャーも、それぞれがひと暴れしてからロッカールームに消えるなんてことがしょっちゅうある場所だ。つまり、あそこで怒鳴ったりわめいたりは日ごろ問題にされない、決して珍しい場面なんかではなかったのだ。

「まあ、その延長線上の出来事だと思えばいいかな」

そんな思いもあった。

腕時計に目線を落とすと、気付けばすでに深夜0時を回っていた。自宅にいる妻に電話を入れると、

「さっき球団事務所から、明日球団に来てほしいって電話がありましたよ」

と言う。私は「ああ、そう」とすぐに電話を切ったが、

「あの発言が原因なら、阪神を辞めることになるだろうな」

と、なかば覚悟をしていた。

「シーズン終了間際のスポーツ紙がネタほしさに騒ぐだろうな」

などと思いが巡ったが、しかし、その時点で気持ちの糸はすでに切れかかっていた。

「ベンチがアホやから野球ができん」騒動のはじまり

思った通り、翌日のスポーツ紙に目を遣ると、デカデカと書かれていた。

「江本が爆弾発言」「首脳陣をバ倒」「江本がベンチ批判」

見出しは各紙が合わせたかの様に「ベンチがアホやから野球ができん」だった。

あの時のカッとなった頭で「ベンチがアホやから野球ができん」と言ったような気もするが、そうだとしても監督に直接発言したわけではない。「江本がこう言ったことにして、記事に書いたら面白いだろう」という実に安直な理由で、一方的に書かれたのだろう。

翌日は予想通り、スポーツ紙の1面に私が言った爆弾発言が記事になってしまったことで、球団を巻き込む騒動へと発展していく。覚悟を決めて、球団事務所へ向かった。

事情聴取のやり取りの一部始終を公開

球団事務所に到着すると、当時の岡崎義人球団代表と奥井成一管理部長が待ち構えていた。テーブルの上には、私の発言が1面にドカンと載った各スポーツ紙が積まれている。そここにこんな文言が書いてあるのがチラッと見えた。

「阪神きょうにも事情を聴取」

今がまさに、その場面である。

あいさつもそこそこにソファに座ると、岡崎代表がすぐさま、

「昨日の事情を説明してくれませんか」

と切り出す。私は前日夜のゲームの出来事を思い出しながら答えた。

「降板してロッカールームへの通路を通った際、２、３人の記者とすれ違ったんです。その時、いろんなことを発言しましたが？」

「例えば？」

そう言われはしたものの、多少取り乱した頭で発した言葉を細部まで記憶はしていない。

「『アホか』『これは野球にならん』『ベンチは何や』とか、一瞬言い放ったと思います」

そう言い終わると、岡崎代表と奥井部長は、天井を見上げて「うーん」と言った後に黙ってしまう。ここで私は逆に質問した。

「どうするんですか？」

困った表情で岡崎代表がさらに続ける。

「新聞にはこんな見出しでデカデカと書いてあるし、これが事実なら君の処分を考えなく

てはならない」

「そうですか。どうぞ」と私が答えた後、しばらくして、本社にいた小津社長と相談した結果、岡崎代表から「謹慎10日間」を言い渡された。それでみそぎを済ませたかったのだろうと思う。

しかし、すでに決心をしていた私は「その必要はないです」と言うと、岡崎代表はさらに困った表情を見せた。

「ここに来て10日間、投げられないとなると復帰には20日以上掛かります。するとシーズンは終わりです。それじゃ『辞めろ』と言われるのと一緒です。ですので、このまま辞めようと思います」

えっ、まさか……。2人の間では、私が10日間の謹慎を受け入れる形で幕引きを図ったのだろうが、「辞める」は予想していなかったのだろう。けっこうな時間、「辞めるな」「そこまでする必要はない」などと説得されたが、私の決断が固いと見るや、岡崎代表はしかめ面をしながら、とうとう「任意引退届」と書かれた紙きれを持って来させた。私はちゅうちょせず、さっさと三文判を押した。

プロ入り11年目。通算113勝を挙げたピッチャーとしてはあっけない幕切れとなった。

引退を後悔していなかった2つの理由とは

当時のことを振り返ったとき、多くの人から「後悔していないんですか？」と聞かれた。このとき私の年齢は34歳。「もうひと花咲かせることだってできるだろうに」、そんな声もあった。

けれども私は全く後悔していなかった。それには2つの理由があった。

一つは「前年に2ケタ勝利記録が9年目で途絶えた」ことで、ひそかに抱いていた「10年連続2ケタ勝利」という目標を失ってしまい、モチベーションが大きく下がってしまっていたことだ。

私は入団2年目の1972年から8年連続で2ケタ勝利を挙げてきた。南海時代の4年間で16勝、12勝、13勝、11勝の合計52勝、阪神時代の4年間で、15勝、11勝、11勝、12勝の合計49勝を積み重ねたが（その間、6年連続200イニング投球回数も記録した）、80年は8勝にとどまり、9年連続とはならなかった。

もちろん私が、「よっしゃ、もういっちょうやってやる」と奮起すればよかったのだが、なかなかそうした気持ちが湧いてこないまま、シーズンを迎えてしまった。

もう一つは、「首脳陣と信頼関係が築けなかったこと」である。80年5月のシーズン途中から監督になった中西ヘッドコーチとは気持ちが合わなかった。そこでこの年のオフ、私から球団のフロントに、

「トレードかクビにしてもらえませんか」

という話をしたこともあった。この時は球団から「中西さんの任期はあと1年だから」と慰留され、どうにか踏みとどまったのだが、翌年の春季キャンプがはじまると、好ましくない私の扱いに困っていたように見えた。

そうした考えを見透かしていたこともあり、私は私でチームのために献身的に投げようという思いよりもむしろ、「好きにやらせてもらおう」という意思の方が強かった。それで結果を出せなければ、潔くユニホームを脱ごう――。そんな覚悟を決めていた81年のシーズン前の心境だったのだ。

けれども、シーズンに入る前から先発、リリーフの指示もなく、中途半端で嫌がらせのような、予定の立たない扱いを受け、81年は8月26日までまともに起用されなかったこともあり、この試合までに4勝しかできていなかった。残りの試合数を考えた時、2ケタ勝利はもちろんのこと、前年の8勝を下回る成績に終わる確率の方が高かった。

この時代の先発投手はプライドが高く、シーズン2ケタ勝利ができなくなった時点で引

退を選ぶことも多く、私もそれに近い考えでいた。その矢先にこの騒動である。当時の私は「引退が予定していた時期よりも少し早まっただけ」だと捉えたし、今でもそう思っている。それまで11年連続して開幕メンバーに名を連ね、1年目の夏以降は成績不振により登録を抹消されたことがなかっただけになおさらである。

プロで1勝。あとは〝おつり〟でしかない

その上、私はプロに入った直後からこんな考えを持っていた。

「プロで1勝できれば、あとは『おつり』だけの野球人生や」

高知商時代、64年秋の四国大会で優勝し、翌年春のセンバツが確定し、優勝候補にも挙げられたが……結果は一部の野球部員の暴力行為によって出場辞退と1年間の対外試合禁止の処分が下り、野球部は一時、解散休部となった。せっかくの聖地へ足を踏み入れることが許されなかったばかりか、高校野球を実質2年間で終えることになってしまった。

その年の秋、初のドラフトでは西鉄に4位指名されるも、4番でピッチャーだった私は、憧れの長嶋さんのいた東京六大学を希望し、西鉄からのお誘いを断って法政大学に進学することを決めた。

特待生として入学し、「ここから再スタートや」と意気込んでいたが、同級生に48勝を挙げて東京六大学野球の歴代最多勝利記録を作った山中正竹がいた。4年生になると監督と衝突して、最後の秋のシーズンはユニホームも着ることができず、さしたる活躍もせずに大学野球を終えた。当然ドラフトにもかからず、その後はノンプロの熊谷組に入社して都市対抗野球を目指すも大した成績も上げられず、もちろんドラフトでお呼びが掛かることもなく失望していた。

しかし、運良くドラフト外でひっそりと東映フライヤーズに入団することができた。1勝を挙げたら、「あとはいつ辞めてもいい」と考えていた。その後、南海ホークスで野村監督と出会い、運よくプロ1勝を挙げてから、最後の勝利となった113勝目までは、「おつりの野球人生」のように思っている。

私のプロ生活での最後の勝利となったのは、81年8月12日に後楽園球場で行われた巨人戦だ。私が引退する、ちょうど2週間前の試合である。5万人の観衆が集まる中、6対1で勝利。阪神での6年間の選手生活で、巨人戦15勝目となる勝利だった。

相手の先発ピッチャーは、この年に沢村賞を獲得した西本聖。彼はすでにシーズン14勝を挙げて、巨人は4年ぶり22度目の優勝に向かって突き進んでいただけに、「巨人だけには負けてなるものか」

という気持ちが、この時も少なからず私の原動力となっていた。プロ生活最後の白星が巨人になるなんて思いもしなかったが。それも含めて、「おつりだけの人生」だったというわけだ。

阪神を恨むどころか、感謝しているワケ

阪神での引き際が引き際だっただけに「江本はさぞかし阪神を恨んでいるに違いない」と思う野球ファンは多いかもしれないが、まったく逆である。むしろ阪神でプロ野球人生を終えられたことに感謝しているし、こうした形になったことで阪神と敵対したかのように思われていたが、そうではない。

その理由は、「本拠地が甲子園球場である」からだ。

引退した年からさかのぼること16年前の65年3月27日。私はこの日に開催される春のセンバツの開会式を見るため甲子園球場の一塁側中段スタンドにチームメートとともにいた。本来ならば、私はこんなところにいるはずではなかった。

それが一部の部員の不祥事によって、晴れ舞台のセンバツ出場を辞退し、観客席から開会式での選手入場をみることになった。このとき、同級生たちは修学旅行に行っていたの

だが、センバツに出場する予定だった私たち野球部員はいまさら修学旅行には行けない。「せめて開会式だけでも見に行こう」ということで、他の部員たちと一緒に甲子園球場に来たわけだ。

開会式が始まると、ブラスバンドの演奏によって、この年の行進曲となっていた坂本九さんの『幸せなら手をたたこう』が流れてきた。そうしてわが高知商の代替出場となった愛媛の今治南が登場すると、自然と涙があふれてきた。左右に目線を向けると、仲間も私と同じように泣いていた。

悔しかった。憤りすら感じた。それまでの人生の中で、あんなに泣いたことはなかった。

「人間って、本当の悲しみに直面した時には、これほどまでに涙が出るんだな」

そう感じた瞬間でもあった。

この年のセンバツで騒がれたのが、育英の鈴木啓示（後、近鉄）、ＰＬ学園の得津高宏（後、ロッテ）、市立和歌山商の藤田平（後、阪神）だった。その藤田は決勝まで進むも、平松政次（後、大洋）擁する岡山東商に延長13回、1対2で敗れたのである。

もしも出場していたら――。高知商は前年秋の四国大会で優勝し、甲子園でも優勝候補の一角だっただけに、私もそれなりに自信があった。〝幻のセンバツ出場〟となり、甲子園のスタンドから見た開会式の光景は、生涯忘れることのない思い出となった。

最後の登板が甲子園だったことには感謝しかない

それから11年後の76年1月26日。私は甲子園球場のマウンドにいた。江夏豊とのトレードで阪神に移籍することになり、入団発表の記者会見の後、マウンドでカメラマンが求めるさまざまなポーズに応じていた。

「これが甲子園のマウンドなんやな」

東京六大学野球で神宮球場、都市対抗野球で後楽園と、当時のアマチュア最高峰と言われる舞台は経験していたが、高校野球の聖地と言われる甲子園は、南海時代のオープン戦でしか投げていない。まさかの展開で阪神にトレードでやって来たことによって、本拠地として甲子園で投げることができた。

「何の因果か、野球の神様はオレを甲子園に呼んでくれたんだなあ……」

などと勝手な解釈をして感謝しつつ、この甲子園で、阪神のためと、自分の野球人生を賭けて6年間投げ続けた結果、憧れの場所で最終登板をすることができたのだから本当に良かったと、心からそう思っている。

プロ野球選手になった時点で、いずれは終わりが必ず訪れる。私と同世代の選手たちだって、高校から直接プロに入った者や、大学経由で行った者、私のように、ドラフト外や社会人野球をへて入った者とプロセスはさまざまなのだが、終わりを見据えてプレーし続けてきた者はどれくらいいるか、私には知る由もない。

けれども、自分のことについてだけ言えば「ようやったなあ……」、そう言い切れるだけの濃密な時間を過ごすことができたのは間違いないし、ありがたく思う。

こうして私の現役生活は終わりを迎えたのである。

第2章 私にとっての阪神タイガース

今でもブレイザー監督の退団は納得いかん

今でも残念なのが、1980年5月15日にドン・ブレイザーが阪神タイガースの監督を辞任したことである。

ブレイザーは私が南海ホークス時代、野村克也さんの下でヘッドコーチを務めていた。それだけに彼の人柄というのは知っていたつもりだったが、この時はあまりいい印象を持っていなかった。

選手が守備の時にエラーをしたり、チャンスで凡退に終わったりしたとする。するとブレイザーは頭を指して「ヘイ！　ここを使うんだ」と言っていた。彼は「シンキング・ベースボール」の信奉者だから当然のことなのだろうが、当時の私は「上から目線の態度だな」と思っていた。

その考え方を改めたのは、79年に彼が阪神の監督に就任してからである。

例えば私が先発して、6回まで好投していたものの、突如7回に崩れて3点を失って降板したとする。するとブレイザーはベンチの中で私の所に通訳を連れて歩み寄ると、「エモ、今日は6回までは最高のピッチングだった。でも7回は1つポイントがずれていたから失敗したんだ。そこを直せば、次回は100％オーケーになる。ネクスト、期待しているね」

たしかに聞いていると、当を得ていて納得することが多かった。それに選手のモチベーションを上げる言葉も良く心得ていた。

「ウチには今、小林繁という一番勝ち星が期待できるピッチャーがいる。でもそれ以外はエモしか頼れない。エモが抑えてくれないと、チームは上昇できないんだよ」

こう言われると、私もまんざらではない。ブレイザーが持ち上げてくれていることは百も承知の上で「彼のためにとことん頑張ろう」とモチベーションが上がったものだ。

そのブレイザーが、80年5月、突如として監督を辞任した。原因はフロントと、鳴り物入りで入団したルーキーの岡田彰布の起用法を巡って対立したことである。フロントは「すぐにでも岡田を使え」と言い、ブレイザーは「まだ早い」とかたくなに首を縦に振らない。

私たち選手側はブレイザーの主張を支持していた。たしかに岡田は並外れた素質を持っていたものの、ブレイザーは「あせらず、じっくり育ててから使う」と考えていた。それにもかかわらず、球団は阪神ファンや関西マスコミの「岡田をスタメンで使え」の論調をうのみにし、ついには小津正次郎球団社長まで登場してブレイザーの起用法に注文を付けるありさまだった。

フロントが「岡田のスタメン起用」を主張し続けた結果、あまりのプレッシャーに嫌気が差したブレイザーは、5月15日に球団側に退団を申し入れた。

球団はマスコミの論調を100%信じるようなことはせず、現場の雰囲気も考慮して、もう少し客観的に判断しても良かったと思う。

当時、選手会長だった私ではあるが、球団と監督の間を取り持つことができる立場にはなく、どうすることもできなかった。そのことが今でも悔やんでも悔やみ切れないでいる。

小津球団社長と話し合った末、ブレイザー監督に決まったのに……

なぜ阪神のフロントはブレイザーを監督に選んだのか。話は78年の秋までさかのぼる。

この年の阪神は、球団創設初となる最下位になるという屈辱を味わった。

「今のままでは、タイガースは人気のないチームになる」

そう危機感を抱いた阪神電鉄本社は78年10月、電鉄本社の専務取締役だった小津正次郎さんを球団社長に据える。結果的に小津さんの球団社長起用によって、その後は数多くの改革と、それと同じくらいの混乱を招くことになるのだが、この時点ではそんなことは知る由もない。

小津社長の経歴を見ると、まさに「努力の人」だった。当時、京都大学出身者が経営の中心となっていた阪神電鉄において、高校出であり、まさにたたき上げで出世していく。労務関係に詳しく、並の野球選手が小津球団社長と交渉しても太刀打ちできる相手ではない。

そこで阪神の選手会が結束して、

「ややこしい人がフロントにいては交渉事がまとまらない。だったら、ややこしいことを言えるヤツを選手会長にしよう」

という理由で、なぜか私が選手会長に選出された（球団初の外様の選手会長でもあった）。

ほどなくして、私は小津球団社長から呼び出され、チームを再建するにはどうすればいいのかと質問をされた。そこで私は、

「長くいるコーチなどを外してください」

と切り出した。

当時の阪神には現役を引退後もユニホームを脱ぐことなく、なんとなく指導的立場になって、大手を振って歩いているようなＯＢが何人かいた。私たち選手は彼らのことを世渡りが上手なだけのコーチと見ていただけに、決断してほしかった。

私の言葉に小津球団社長は神妙な面持ちで耳を傾けている。そうこう話していくうちに、

「だったら野球理論の確立している人物を、監督として考えよう」

という結論に達し、小津球団社長が監督に指名したのが、ドン・ブレイザーだったのだ。

ブレイザーは1950年代にメジャーリーグを代表するセカンドとして活躍し、南海でも野村監督の下でヘッドコーチとして「シンキング・ベースボール」をチーム内に広げた。私もブレイザーとは4年間に渡って卓越した野球理論に接したこともあり、「ブレイザーが監督として来てくれるなら、阪神も変わるだろう」と期待で胸が膨らんでいた。

それにもかかわらず現場に判断を任せることができず、ブレイザー監督と考え方の食い違いが起きた際、「辞めてくれ」と言ったのも小津球団社長だった。覆水盆に返らずとはよく言ったものだが、球団とブレイザー監督との間にできた溝は埋まらないどころか、ますます複雑困難なものとなっていく。

「あの時の話し合いはなんだったんだ」

と私は憤った。ともあれ、小津球団社長との話し合いからわずか1年7カ月後に、ブレイザー監督は志半ばで退団することになった。

中西さんの本職は「技術職人」だった

ブレイザー監督がシーズン途中でユニホームを脱ぎ、チームが混乱状況となってしまった中、代理監督としてお鉢が回ってきたのが、当時ヘッドコーチだった中西太さんである。この人事もまた、阪神のフロントによる「あってはならない選択」だったのだ。

前にもお話しした通り、私は中西さんに「人間的に信頼を寄せている」というところまではいかなかった。一方で、中西さんの打撃理論は説得力のある話ばかりで信頼して耳を傾けていた。これは私以外の選手もそれに近い印象を持っていたと思う。

中西さんは79年から阪神の打撃コーチに就任したのだが、この年の春季キャンプでの出来事。私は小林繁と同じ打撃ケージに入ってバッティング練習を行っていた。

その当時、ピッチャーが打席に立つということは「9番目の打者」という位置付けではなく、「9番目に立っている打者」だという認識が球界全体でまかり通っていた時代であるが、私はバッティングが好きだった。高校時代は4番を打ち、南海時代の１９７２年にはシーズン4本塁打を放ったこともある。阪神に来てからは移籍1年目の76年に2本塁打を打ったのを最後に、77年、78年の2シーズンは本塁打はなかったが……。

その私が打撃ケージで5、6球打っていると、ベンチのそばから私のバッティングを見ていた中西さんが「エモ、ちょっといいか」と手招きして呼び寄せると、こんなアドバイスをしてくれた。

「軸足の膝の使い方が間違っている。こうしてみたらどうだ？」

私は中西さんのアドバイス通りに2度、3度とバットを振ってみると、以前よりもスムーズにバットが振れているように感じた。再び打撃ケージに入ってバッティング練習を行うと、いきなり「カーン」とバットの芯に当たった打球が左中間の奥深くに伸びていった。久しぶりに「ずいぶん飛んだなあ」とわれながら感心していると、

「エモ、それや。その感覚を忘れるなよ」

中西さんは笑みを浮かべながらそう言っていた。

さらに小林に近寄り、何やら私とは違う形でアドバイスを送っているように見えた。小林がバッティング練習を再開すると、右中間方向に大きな打球が飛んで行った。それまでの小林は、三遊間にいい打球が飛んでいても、高々と大きな当たりを飛ばすことはできなかっただけに、「おお、いい当たりだな」と妙に感心していた。

そこで私は中西さんにバッティング練習を終えてから、

「僕と小林とでは、アドバイスするポイントがどう違うんですか?」

と質問してみた。するとこんな答えが返ってきた。

「エモは膝の使い方。小林は股関節の使い方をほんのちょっとだけ修正すれば違ってくると思っていた。お前さんは身長が188㎝あるのに対して、小林は178㎝しかない。体格に差があると指導するポイントはそれぞれ違ってくるもんなんだよ」

私はこの時中西さんに対し「打撃のことを相当研究している人だな」とある種の感動すら覚えていた。中西さんが私への指導の最後にこう言ったのを、今でも忘れていない。

「エモ、オレは打撃職人なんだよ」

そうですよね——。その言葉に思わず納得してしまった。バッティングを教えるプロフェッショナルだったからこそ、中西さんは私以外の多くの選手に慕われていたわけだ。

この年のシーズンで、私は3年ぶりに本塁打を1本打つことができた。結果的に、私にとってプロでの最後の本塁打となってしまったのだが、中西さんの指導があったからこそ、打てた1本だったと今でもそう思っている。しかし、所詮バッティングは采配とは別物だし、本人が技術屋を自任していただけに、役割が全く違う「監督という職種には向いていないんじゃないか」という思いが強かったのも事実だった。

監督に向いていなかった中西さん

中西さんが監督となってその采配を見ていた時に、私は「監督にはやっぱり向いていないんじゃないのか」と思うことが一度や二度ではなかった。

ベンチにドカッと腰を下ろして座っている姿には風格こそあったものの、こと采配に至ってはオーソドックスで、相手ベンチからも何をやってくるのか、次の手が読めてしまうのではないかという力量だった。

中西さんは西鉄で62年から8年間、日本ハムでは初代監督として74年から2年間、監督を務めたが、監督としての力量に疑問符が付いていた。事実、日本ハムで2シーズン共に戦った張本勲さんは、一打逆転のチャンスの場面の際に、緊張で直視できないためにベンチの奥に引っ込んでしまい、戦況についてマネジャーから逐一報告を受けながら采配を振るっていた中西さんの姿を見て、

「一緒に戦う気になれなかった」

と周辺の記者たちに話していたそうだ。

そうしたいきさつもあって、歳月が流れ、私が言ったとされる「ベンチがアホ」発言である。中西さんは球団関係者から事の顚末《てんまつ》を一部始終聞いていたはずだが、だからといって私とは現役引退以降もギクシャクした間柄ではなかった。

もちろん私だって中西さんのことは恨んでいなかったし、あの時はあくまでも自分のふがいなさも含めて暴言を吐いただけであって、中西さんに直接、不平不満をぶつけようとしていたわけではなかった。そのことは82年に上梓した『おれ、紆球曲球』(日之出出版)にも書かれている。

ただし、マスコミからは以後、こう書かれ続けた。

「江本、中西と不仲が続く。2人の氷解はいつになるのか？」

これも大きな間違い、取材不足か悪意でしかない。

中西さんは私が阪神を辞めた同じ年の81年限りで監督をお辞めになったが、その後も巨人や近鉄、オリックスをはじめとして、いろいろな球団で打撃コーチを務められていた。そんなこともあり、私が解説の仕事で球場に行くと、中西さんに「こんにちは」と必ずあいさつをしていた。

中西さんも私の姿を見ると、「おお、元気にしとったか？」などと笑顔で話し掛けてくれた。時には携帯電話でツーショット写真を撮ったりもしていた。それにもかかわらず、不仲と信じる人が多かった。

2000年以降の話になる。ある時中西さんからこんな相談を受けた。

「エモ、オレといまだに『仲が悪い』って思っているマスコミ連中がいるらしいが、彼らの前で、談笑しているところを見せた方がいいんじゃないかな？」

「いや、そんなこと気にしなくていいじゃないですか。彼らに『仲が悪い』って思わせておくのも、一つの手ですよ」

「そうか。別に今のままでもいいわな」

その場はそう言って別れた。

その後も、2人そろってマスコミの前に顔を出したり、立ち話しているところを見られたりもしたが、やはり噂はそのままだった。野球界は、いつまでも遺恨を引きずるような世界ではないが、世間はそう思ってはくれなかったようだ。

「元阪神」の肩書を使う人、使わない人の違い

何はともあれ、現役生活を阪神で終えたことで、私には「元阪神」の肩書が付いた。しかし私の場合、そのことで仕事が増えたということはない。

もともとの阪神の辞め方を考えれば、大阪から仕事の依頼はない。むしろ大阪では「江本は危険人物。何を言い出すか分からない」と受け止められて、テレビ局の関係者からしてみると「積極的に使ってみよう」とはならなかったのだろう。

そこで退団後は住居を東京に構えた。東京でのメディア露出も徐々に増えて、このときの私は「元阪神の江本」というよりも、「野球解説者の江本」として紹介されることが多くなっていた。

一方、東京で解説をしているからといって、巨人戦の解説だけ仕事をしていればいいわ

けではなく、とはいえヤクルトやDeNA、ロッテ、西武にベッタリでもいいわけではない。仕事としては巨人戦が中心となるが、私のような外様だと、巨人ベッタリの解説をテレビの視聴者やラジオのリスナーが受け入れてくれるわけではないから、ちょっぴりスパイスを効かす。この加減が非常に難しいのだ。

例えば巨人のピッチャーがピンチの場面で抑えたとする。この時、ピッチャーを褒めたたえることもできるのだが、そこはあえて、

「まあ今のはバッターの打ち損じですね。次も同じような場面がやって来たら、同じように抑えられるとは限りませんよ」

と言ってみたりする。テレビやラジオの解説のコメントは瞬時の判断力が必要だ。今、起きた事象に対してその場で考えたコメントを発しているワケではなく、日頃からいろいろな情報を見聞きして、自分なりの考え方を頭の中にまとめておき、ここぞのタイミングでコメントする、というトレーニングをしているからこそ、成せる業なのである。

だが、大阪に拠点を構えている元阪神のOBらは違う。大阪で仕事をこなすためには、とにかく阪神をヨイショ、ヨイショと持ち上げることになってしまう。それでもお構いなしとばかりに、阪神を賞賛するのがこの手の連中の手法だ。

東京で野球解説の仕事をしていると、このようなことはまずあり得ない。良いものは良

い、悪いものは悪い、という論調が当然だからこそ、12球団どのチームの解説をするにしても、時として厳しいコメントになることもあるが、そんなのお構いなしだ。

とくに私は「忖度《そんたく》」、俗に言うゴマすりが苦手なので、どうしても本音で辛口のコメントになる。そんな私は、東京での仕事の方が肌に合う。間違いない。

やしきたかじんさんの番組で受けた「大阪の洗礼」

以前、「これが大阪のテレビなんだな」と洗礼を浴びせられたエピソードがある。今から22年前の2003年、星野仙一さんが阪神の監督を務めて2年目を迎え、優勝街道をばく進していた時のことだ。

あれはたしか夏真っ盛りの時だったか。当時、大阪で人気司会者の一人として評判だったやしきたかじんさんの番組に呼ばれる機会があった。番組の中で「星野阪神はいつ優勝を決めるのか」が話題だったと記憶している。

たかじんさんをはじめ、パネラーの皆さんが、阪神の好調ぶりについて和気あいあいと話をしている最中に、「江本さんはどう思いますの？」とたかじんさんから話を振られた。

この時、私はあえて「でもね、まだまだ油断できないんですよ」と、星野さんの監督と

しての優勝回数の少なさなどのデータを根拠にした話をした。そこで、たかじんさんに顔を向けるとみるみる真っ赤になって、

「江本さん！　アンタ何言うてんのや！　星野さんは阪神を変えてくれた人やで！　神様のような人を批判するのは、もうそのくらいにしときいや！」

と言うなり、他のパネラーも「そうだ、そうだ」の大合唱となり、気付けば私は孤立していた。ある種、いじめのような空気を感じたものである。

そうした気まずい空気の中で番組が終了したのだが、その後、その番組から呼ばれることはなかった。私にしてみれば、まるで何かの洗礼を受けたと感じたのと同時に、大阪では「阪神万歳」という論調でいなければいけないということを、身をもって知った。

今はこの傾向がさらに進んでいる。シーズン前の阪神の特集番組ともなれば、順位予想を求められるが、1位はどんな状況であれ、「阪神」と書かなければならない。幸いにも近年の阪神は強いので、1位にしたところで違和感はないが、他の5球団、とりわけどんなに巨人が強くても、間違っても順位予想の1位に「巨人」と書いてはならない。そんなことをすれば、大阪で仕事がなくなるどころか、住んでいる自宅が炎上しかねない。

これらはお約束というよりも「鉄則」である。このことを100％理解し、実践できるようでなければ、「元阪神」の肩書でもって大阪で食べていくことは不可能なのだ。

私の場合は「元阪神の江本」ではなく、「野球解説者の江本」を、これまで通りに貫いていくつもりだ。

24年シーズンの岡田前監督の退任に思うこと

私が引退してから42年後の2023年。昭和、平成をへて令和へと年号が変わって5年が過ぎていたが、当時入団2年目だった岡田彰布が、第一次監督時代の1998年〜2008年以来15年ぶりに阪神の指揮官として復帰した。そうしてこの年のペナントレースは破竹の快進撃でトップを快走、9月14日に18年ぶり6回目のリーグ優勝を果たした。

その勢いはさらに続き、クライマックスシリーズを突破すると、日本シリーズでは、前年のチャンピオンであるオリックスを4勝3敗で下し、1985年以来38年ぶり2度目の日本一を成し遂げた。

私の現役時代はというと、1973年に野村監督の下で南海ホークス時代にリーグ優勝を1回経験しているのみだ。もちろん1回でも優勝を経験できたことは大きいし、この時はプレーオフで阪急を破って胴上げ投手にもなっただけに、チームに貢献して優勝したという誇りがある。

それはそれとして、偉業を成し遂げた岡田監督が24年シーズン限りでユニホームを脱いだ。シーズン終盤まで巨人を猛追し、結果2位で終わったが、岡田本人は「来シーズンは巻き返しを図ってもう一度チャンピオンフラッグを甲子園に掲げよう」という考えでいたはずだ。それにもかかわらず報道では「2年契約の2年目という任期満了に伴う退任」という理由になっているが、岡田の心情を考えたら「最低でもあと1年」は監督をやりたかったに違いない。

1年目の23年シーズンは、投打共にあれよあれよと全てがうまく回った。正攻法の王道野球はセの5球団を圧倒し、とくに巨人に対しては18勝6敗1分と圧倒的な数字を残した。それだけに、世の多くの阪神ファンはさぞかしご満悦だっただろう。

私が評価したいのは、投手を中心とした選手の起用法以上に、ベンチで「親父」の存在感を発していたことである。令和の世の中でありながら、昭和風情の懐かしい親父の姿を岡田に見た。だからこそ阪神は日本一になることができたのだ、とも思う。

兄貴ではなく、「親父」でいたから岡田は勝てた

近年の監督と言えば、岡田の前任の矢野燿大が象徴的だが、プロ野球の監督と選手は、

「兄貴と出来の悪い弟」という関係性で成り立っているチームが多い。兄貴は出来の悪い弟の姿を見ていると「しょうもないヤツだな」と思いつつも、何かあれば手を差し伸べたがるものだ。

実際の兄弟間であれば、ほほえましく映るものだが、ことプロ野球の世界にこの関係を持ち込まれてしまうと、いざという時に対処し切れなくなる。チャンスで凡退、守備でエラーを繰り返している選手に対して、

「しょーもないヤツだな。まあええか。次、頑張れよ」

と何度も何度もチャンスを与え続けているようだと、気付けばチームが大型連敗を喫してしまい、にっちもさっちも行かなくなってしまうことも十分あり得る。

矢野が監督を務めていた時だって、阪神は優勝のチャンスが十分あった。それでも勝ち切れなかったのは、そうした関係性が無視できないんじゃないかとさえ思っている。

そこに行くと岡田は違う。まるで昭和の時代によくいた「親父の姿」がそこにはあった。今から40～50年前の昭和の時代にタイムスリップしたかのような、威風堂々の存在感でベンチに座って戦況を見つめていた。選手によっては「いつカミナリが落ちるか分からない」という怖さを持っていたかもしれない。

ただし、岡田は選手に対してきつく叱ることはしなかった。「昭和のカミナリ親父」との

違いはそこにあり、選手に苦言を呈する時は記者を通じてコメントするようにしていた。

もちろん裏では直接選手に話していたかもしれないし、技術指導だって行っていたはずだ。そうした厳しさがあったからこそ、23年シーズンは日本一に上り詰めることができたのだと、今でもそう感じている。

その岡田が〝任期満了〟というたった4文字の理由で監督を退いた。背景には親会社である阪急阪神ホールディングスと阪神電鉄の会社間の駆け引きがあったとも伝えられているが、こうした権力争いを世間に露呈してまで岡田を退任に追い込んだのだとしたら、実に罪深い話である。

阪神タイガース藤川新監督の起用に思う事

そうしたいきさつをへて、25年シーズンから新たな監督に就任したのが藤川球児である。彼は私と同じ高知商業出身の後輩なので、何かと気になる存在ではあるが、引退してからはコーチ業を含めた指導者の経験がなく、選手起用を含めた采配は未知数だ。

「1年目のルーキー監督なんだから大目に見ようや」という人もいるかもしれないが、阪神ファンは「それは許さない」という、我慢強さに欠けている人が多い。シーズン序盤から連敗が続くようだと「何してんのや」と不満のボルテージが徐々に上がってくるし、それが最高潮に達すると「いい加減にせい！」と、怒りが爆発してしまうのである。

そのことは1999年から3年間、阪神の監督を務めたノムさんとて例外ではなかったし、真弓明信（09～11年）、和田豊（12～15年）、金本知憲（16～18年）、矢野燿大（19～22年）と歴代の阪神監督も同様だった。

藤川は監督就任時の記者会見でボロクソに言われるかもしれないということについては、「叱咤激励して野球界を盛り上げてほしいし、きれいに見守ってほしいとは全く思わない」と言い切っていたが、実際に勝負が始まった時にそう言い続けられるかは気になるところだ。しかし、おなじ高知商出身の先輩である私としては、高知県人の「いごっそう（「快男児」「進歩主義」「頑固で気骨のある男」などを意味する土佐弁）魂」でもってイケイケで思い切りよく行ってほしいと思っている。

監督、指導者としての経験が乏しかったという点で言えば、最近では22年から3年間、監督として中日を率いて3年連続最下位という屈辱のまま退任した立浪和義の名前が挙げられる。現役時代は、「ミスタードラゴンズ」と賞賛され、満を持して中日の監督に就任し、名古屋はもちろん、全国の中日ファンは「きっと優勝に導いてくれるに違いない」とその手腕に期待した。

しかし、1年目、2年目を終えても結果が出せないままだった。主力選手をトレードに出し、将来有望な選手をドラフトで獲得するも、チーム成績が上昇することはなく、勝負の3年目も、開幕直後こそ一時は首位に立ったものの、夏場に入るとそれまでと同じ定位置に戻ってしまった。

彼の采配に関する詳細の是非については、拙著『ミスタードラゴンズの失敗』（扶桑社新書）に詳しく書いているので、そちらをご一読いただきたいが、立浪が監督として失敗した理由を考えていくと、指導者としての経験があまりにもなさ過ぎたことが大きいと思う。

例えばコーチとして現場復帰していれば、他の監督の采配が間近で見られるし、成功、失敗についてもつぶさに観察することができる。テレビやラジオの解説者としてグラウンドを見ているのと、ベンチからグラウンドを見るのとでは景色が全く違う。それに若い選手と一緒に汗をかくことで、新たな発見をすることもできるし、自身がそれまで培ってきた野球理論を磨いていくこともできるだろう。

その点で藤川は立浪前監督と同じスタート地点ではあるのだが、藤川監督にとってそのことが吉と出るのか、凶と出るのか、このあたりは注目していきたい。

第3章
「しごきの文化」はどう変えていくべきか

○5○

昭和の野球部時代の話をするプロ野球OBたち

昭和の学生野球部には、今の時代では想像できないような「しごき」があった。当時のありのままを書いてしまうと、若い読者はドン引きすることは間違いない。私と同世代もしくは少し下の世代の読者であれば、「あった、あった」とうなずいてくれるかもしれない。昭和の野球部には、言うなれば「しごきの文化」が存在していた。「しごきのある野球部は強豪、ない野球部は弱小」と認識されていたこともあったし、少なくとも私の時代は間違いなく「しごきこそ強豪野球部の象徴である」という時代だった。

もちろん、令和の今の時代では「しごきの文化は犯罪」「ただの暴力」という認識に変わったし、私たちも考え方をアップデートしていかなければ時代に取り残され、いわゆる「オワコンの人」と認定されてしまう。

本書の読者も、最近のＹｏｕＴｕｂｅ上で、プロ野球界のＯＢがこぞって、「昔の学生野球部の上下関係の話」を得意げに話しているのを見聞きしたことがあると思う。

「夜食を買いに行かされて寝る時間がほとんどなかった」

「下級生の時は練習なんて全然できなくて、先輩のユニホームの洗濯やマッサージなんかで時間を使ってばかりだった」

「ちょっとでも粗相があると、『集合』と呼び出されて、正座で説教を食らってしまう」

たいていはこんな話に集約されるものだが、こうした発言を見聞きした一般の視聴者たちは、決まってこんな疑問を持つものだ。

「あなた方が上級生になった時には、後輩たちにどうしていたの？」

実はこの手の話をする人たちに共通するのが「自分が上級生になったときの話はしない」ことである。だから私はあまりこうした話をしてこなかった。聞かれたら答える程度にとどめて、詳しくああなった、こうなったという話は、積極的に触れようとはしなかった。

なぜなら、冒頭でお話ししたように、当時は「しごきの文化」が当たり前のように存在していたからだ。私も「たかだか1年やそこら早く生まれたくらいで、なんであんなに偉そうにしているんだ」と、内心ではばかばかしく思っていたし、「こんなことをしたって、野球がうまくなりっこない」とさえ思っていたものだ。

私が思うに、この手の話をＹｏｕＴｕｂｅでするＯＢは、

「みんなが通ってきた道だから、きっと賛同を得て視聴数が稼げるに違いない」

という単純な理由で配信しているのだと思われる。

しかし、やられたことはみんな覚えているが、やったことについては、わりと忘れてし

まっている。人間、誰しも自分にとって都合の悪いことは、頭から消し去りたいとする心理から来るものだろうが、「しごきの文化」は昭和の野球人であれば誰もが通った道であることは間違いない。

「しごきの文化」を簡単に変えられなかったワケ

ここまで話すと、「それなら江本の学生時代はどうだったんだ?」ということになるのだが、正直に言うと「中学、高校時代は、下級生の時には上級生にしごかれ、上級生になったら下級生をしごいた」と、いうのが真相だ。

私たちの時代はしごきが当たり前のように行われていた。中学、高校、大学と段階が上がっても、1年生の時には必ず殴られたし、中学時代には「ケツバット」というものも存在していた。こんなことは、令和の今の時代に表沙汰になれば、該当した部員は退部、野球部も対外試合禁止の事態は免れまい。当時のことで言えば、先輩から叱られる理由として挙げられるのは、次のようなことだ。

「たるんでいる」

「声が出ていない」

「気合が入っていない」

毎日の練習後に、こうした理由を挙げて一方的にしごかれるのだからたまったものではない。私の時代はスポーツといえば野球を選ぶ者が圧倒的に多かった。だが、先輩からのしごきがつらくて、野球を辞めていった同級生も数多くいた。

私はどんな状況にも屈せず、野球部に残り続けた。理由は簡単、「野球が好きだった」「いつかやり返してやる」という気持ちがあったからである。とはいえ、中学時代を振り返っても、ノック用バットで尻を思い切りたたかれる時の痛さといったら、何物にも形容し難いものだった。

なにせ体が5、6mくらいは飛んだのではないだろうか。他の同級生の野球部仲間もそうだったが、おかげで1年中尻には青あざが絶えなかった。さすがにこの尻を親に見せるのははばかられたので、風呂に入る際などは見えないよう苦心した思い出がある。

そして、高校3年生に上がった時に私はどうしたか。自分がやられたのと同じくらいに後輩をしごいた。これはそれまで先輩にやられてきた恨みを晴らすのではなく、単にそうしなければならない「しきたり」だったからだ。しきたりとは言ってみれば、法のようなものである。それを破ることとは、断じて許されない。

それは同学年の仲間にも同じことが言える。もし私がしきたりを無視してしまえば、

「一人だけ、後輩にいい顔しようとしやがって」となじられてしまう。しごきが文化として野球部内にはびこっていた以上、私一人の力だけで解決できることではなかった。

皮肉なことに、当時はこうしたしごきの類いをしない学校というのは例外なく弱かった。私の知っている範囲でも、強豪校といわれる学校は、大同小異のしごきをやるのが当然といえる状況だった。下級生の時には上級生にしごかれ、上級生になれば下級生をしごくということが、昭和の時代にはごく当たり前のように行われていた。

もちろん令和の今の時代では到底許されることではない。もし発覚すれば間違いなく公式戦出場停止になってしまうし、最悪、野球部の解散となることもあり得る。しかし私が中学、高校時代を過ごした今から60年以上前は、野球強豪校と言われる学校のほぼ全部で「しごきの文化」は伝統のように脈々と受け継がれていたのだ。

「万が一の恐怖心が勝った」、大学時代のエピソード

ところが、大学時代になると一転して「後輩たちに自分がやられたら嫌だなと思うことはしない」ことを徹底した。「しごき」をしなかったのだ。こう言うと「しごきの文化を江

本が変えたのか。すごい」と思う人もいるかもしれないが、実際は「万が一のことを考え、その恐怖心から考え方を改めた」というのが正解だ。

一例を挙げると、練習後に嫌な先輩から命令された「夜食の出前」である。

法政大学野球部の合宿所は、神奈川県の武蔵小杉に今もあるのだが、合宿所の近くにはラーメン屋やそば屋、レストランといった、どこにでもある飲食店があった。新入部員である1年生は、決まってラーメンやそばを買いに行かされた。

今の時代であれば、CMでもよく見かける、あの定番のデリバリーに頼むこともできるが、私が大学生の頃はそんなものはなかったし、1年生はパシリ要員として手足のように使われた。これには2人一組のコンビで行かされるのだが、「コイツは気が合うな」と思った相手には、私も心を許し、「いっちょうやったるか」という〝いたずら好きの江本〟の一面が、ひょっこり顔を出したりもした。

最も心を許した相棒、それが苑田邦夫だった。三池工業では後の巨人監督となる原辰徳のお父さんの原貢監督の下でプレーし、3年生となり、3番打者として出場した65年夏の甲子園では銚子商を破って全国制覇を成し遂げた。ちなみに彼のお兄さんの聡彦さんは、広島カープでスカウト統括部長を長年に渡って務めたことでも知られ、25年2月に80歳を迎えたのを機に、スカウト部門顧問を引退された。

いつものように練習が終わり、夜になって「おまえら、ラーメン買ってこい」と、嫌な先輩が私と苑田に命令する。いつものラーメン屋で注文し、本職の出前ではないから、岡持ちなどあるはずもなく、熱い丼を両手で大事に持ちながら多摩川の土手沿いを歩いて帰路に就く……となればいいのだが、ここからが真骨頂だった。

「苑田、やるか」

「いいよ！　やっちゃおうぜ」

二人の間に異論はなかった。ラーメンの丼に掛かっていたラップを少しだけ外し、丼に土手の土をササッと入れると、続いて私と苑田は汁の中につばをペペッと入れる。私たちはこれを〝秘伝のダシ〟と勝手に命名していたが、合宿所に着くなり、ラーメンを先輩の元に持っていくと、「おお、これだこれだ」と言いながらおいしそうに麺を食べ、ズズズッとスープまできれいに飲み干している。

「お前たちにはあげないからな」

もちろん分かっています、と言いながら、私と苑田は即座に下を向き、必死になって笑うのをこらえていた。

単にラーメンを買いに行くだけなら、「なんだよ。いいように使い走りにされている」と不満に思うところだが、土手の土を入れたり、秘伝のダシをペペッと入れたりしたラーメンを、嫌な先輩がおいしそうにすする。その姿を見るのが、私たちのいいストレス解消法になっていたのだ。

後輩たちから讃えられた裏に隠されていた真実

ところがある日、思いがけないことが起きた。

いつものように嫌な先輩から、私と苑田は「ラーメンを買ってこい」と命令された。そこでいつものラーメン屋に行って、いつものように多摩川の土手を歩きつつ、いつものように秘伝のダシをペペッと入れる。

そうして合宿所に着いて、先輩にラーメンを渡すと、これまでのようにおいしそうにズルズルとラーメンを食べている。私は相も変わらず下を向いてはククククッと笑いをこらえていた。

すると、丼の麺が半分くらい残ったときだっただろうか。ここからはいつもと違う展開が待っていた。

「ようし、今日はおまえらにラーメンの残りを食わせてやる」

「えっ⁉」私は顔を上げ、驚いた表情で先輩の顔を直視し、少し焦り出した。

「先輩のためにに買ってきたんですから、どうぞ全部食べ切ってください」

「いやいや、今日はいいから、遠慮するな。いつもおまえたちに買いに行かせてばかりで悪かったからな」

嫌な先輩が一時だけとは言え、ある時突然、いい人になる。しかもこのタイミングがすこぶる悪い。今の時代風な言い方をすれば、「嫌な先輩あるある」ということになるのだろうが、当時の私はまさに一瞬にして最悪な状況に陥った。

もう一度断れば、先輩は怒り出すに違いない……そう思った次の瞬間、

「じゃあ苑田。おまえに全部やるわ」

私ではなく、隣にいた苑田にラーメンを完食する権利が移った。もうこの時点で彼には断る選択肢がない。

「はい、いただきます」

そう言って丼を持つなり、ラーメンの麺を一気にズズズッとすすり、残りのスープをゴクリと飲み干した。一方の私は下を向いて必死に笑いをこらえていた。

自業自得と言えばそれまでなのだが、もし先輩が私に再度「食べろ」と言っていたら……私は食べていたに違いない。先輩の命令は絶対である。「しごきの文化」が平然とあった時代に、先輩の意見に逆らうということは、戦国時代で言えば謀反を起こすのと同じくらい

の罪だと考えていたからだ。

その後、苑田に「すまん、すまん」と謝ると、

「気持ち悪くなって、さっきうがいしてきたよ」

と言っていたのだが、見事に食べ切ってくれた苑田にはひたすら感謝していた。

この時の経験があったので、私はたとえ上級生になっても後輩たちに夜食を買いに行かせるようなことはしなかった。どうしてもラーメンやそばが食べたいときには、心から信頼できる後輩以外は行かせないということを徹底した。

何十年と後になってから聞いた話によると、一部の後輩の間からは、

「あの先輩には、クタクタになって疲れていたのに、夜遅くにラーメンを買いに行かされた。その点、江本さんは後輩思いだから、そんなことは絶対にさせなかったよな」

と、私の知らないところでなぜか讃えられていたという。

こう聞くと美談のように聞こえるが、実際は「自分たちがやったことと同じことを、後輩たちにやられたら嫌だという恐怖心が勝ったから」というのが真相である。

これまでの私のエピソードは「昭和の時代だからあったのだろう」と言う人もいるかもしれないが、そんなことはない。「しごきの文化」は、昭和をまたいで平成の時代にも存在していた。平成に大学生活を過ごしたプロ野球の後輩からも、似たようなエピソードを聞

かされたことが幾度もある。

しごきから生み出されるものは怨嗟《えんさ》しかない。けれども皮肉なことに、しごきが伝統として脈々と受け継がれてしまったことで、「しごきの文化」がなくなることはなかった。

もっと言えば、大学の野球部でしごきを経験した者が、中学や高校の野球部の指導者になるということもある。そこで部員に対して理不尽な振る舞いをして、上級生と下級生の関係についてとやかく言わない土壌ができてしまえば、立派に「しごきの文化」が生まれ育ってしまう。その結果、野球部内での不祥事が起きてしまうというわけだ。

監督が部員を殴った、部員が喫煙や飲酒をした、上級生が下級生にしごきを行った……。とくに野球名門校がこのような問題を起こすと、マスコミはこぞって取り上げ、数カ月間の野球部の活動停止、あるいは対外試合禁止などの措置が取られるのだが、それでもしごきがなくならない場合もある。

大阪桐蔭の西谷浩一監督が、しごきを絶やした方法

それではどうしたらしごきをなくせるのか。その答えは1つしかない。

「指導者が考え方を改めること」

当たり前のように思われるかもしれないが、これ以外に方法はない。同時に、このことが意外と難しいようなのだ。

一方で、こんな話があるとも聞く。最近、私は20歳以上も年の離れた記者とよく仕事をする。彼らはプロ野球以外にも、高校野球の現場にもお邪魔することがあるそうだが、彼らからは、

「大阪桐蔭の西谷浩一監督はいいですよ」

という話をよく聞く。西谷監督といえば、春夏合わせて甲子園の優勝8回、監督勝利数70勝（2025年3月時点）の甲子園に出場した監督として歴代最多の記録を持っている。

彼が大阪桐蔭にコーチとして赴任した初めの頃は、下級生が上級生の洗濯を行うのが当たり前だった。それを見た当時の彼は「下級生が洗濯に充てる時間を練習する時間に変えてしまえば、下級生のレベルが上がってくる」と考え、上級生たちにこう言ったという。

「上級生は洗濯を下級生に押し付けるのなら、オレのところに持ってこい。オレが全部洗濯してやるからな」

それ以降、上級生は誰も西谷コーチのところには洗濯物を持って行くことなく、下級生たちに押し付けることもせず、自分たちで洗濯をするようになったそうだ。

西谷監督は高校時代、野球部内で起きた暴力事件がきっかけで甲子園の出場を諦めたと

いう、私と似たような経験をしている。自分と同じ苦労を後輩たちに背負わせたくないと思ったのと同時に、「上級生と下級生を同じ条件下で鍛えれば、間違いなくチームは強くなる」という確信があったのだろう。

同時に、西谷監督は選手のスカウティング活動で全国を飛び回っているという。熾烈《しれつ》なレギュラー争いを覚悟の上で、親御さんたちが西谷監督にわが子を預けるのは、いくつか理由があるだろうが、「大阪桐蔭に行けば、理不尽なしごきはない」ということも一因だと思う。つまり、覚悟を持って野球部の体質を改善していったという実績も、親御さんたちは見ているというわけだ。

私たちの学生時代と比べれば、令和の今の時代の方が「しごきの文化」が減ってきたことは間違いない。一方で、いまだに陰でしごきをしている野球部も存在すると聞く。それをなくすためには、指導者の果たす役割が何より重要だと思う。

第4章

変わりゆく野球界の常識の中で、変えるべきこと、変えなくていいこと

先輩と後輩の見分けがつかない時代

令和の今の時代、高校、大学を問わず野球部の部員を見ていると、誰が先輩で誰が後輩なのか、まったく見分けがつかない。昔に比べて上下関係の垣根がなくなったと言えば聞こえはいいが、あまりにも仲良しこよしになってしまったばかりに、緊張感のない間柄になってしまっているように私の目には映る。

私の時代の先輩・後輩の関係といえば、こんな感じだった。

「おい、ちょっとマッサージしてくれ」

「はい」（その後は無言）

「よし、もういいぞ」

「ありがとうございました」

時間にして30分。後輩から先輩に話し掛けるようなことはなく、文字にして10字ほどしかしゃべれない。でもこんなことは当たり前だった。

昔ならば、堂々と構えているのが先輩で、合宿場を所狭しとせわしなく動き回っては、雑用をこなし、ＯＢや先輩たちの陰に隠れているのが後輩の姿だった。だが、今は違う。先輩・後輩ともに和気あいあいとしていて、誰が4年生で誰が新入生なのか、一目で分からないような状況となっている。

こう言うと「それは昭和の発想だ」と指摘する人がいる。私も「昔の方が良かった」と肯定するつもりはない。振り返れば昔の方がひどい面はたくさんあったが、それが社会的にも暗黙の了解とされていたし、「それが当たり前」だと思っていた。

今はインターネットでいろいろな情報が出てくる世の中だから、「これはいい」「あれはダメ」とみんなで意見を共有することができるので、「常識」が形成されるのが容易となっている。だが、私たちの学生時代、現役時代はインターネットなどなかった。だからこそ、先輩との一方通行の会話に疑問を持つこともなかった。

一方で、令和の今の時代であっても、子どもに対する厳しさを容認している親もいる。これはこれでいいんじゃないかと思っている。

「先輩、後輩関係なくフレンドリーな関係でいるべきだ」と主張している人たちにしてみれば、「時代錯誤も甚だしい」と思えるだろうが、私は全然構わないと思っている。

これは何も厳しさを肯定しているわけではなく「考え方はみんなそれぞれであってしかるべきだ」と言いたいだけなのだ。

今は誰かが否定的な声を上げると、大勢が「そうだ、そうだ」と一方的に加担し、少数派を潰そうとする傾向がある。少数が「それは間違っている」と言おうものなら、「何を言っているんだ」と轟々《ごうごう》の非難の嵐にさらされてしまう。

本来であれば、少数の意見にも耳を傾け、客観的に分析してみる必要があるのだが、どうも日本人はこの手の議論は苦手だから、「ダメだ」と一方的に切り捨ててしまう。

結局、子どもたちに野球をやらせるのであれば、どんな環境がいいのかということだ。たしかに昔のような鉄拳制裁の類はご法度だが、それを踏まえた上で、上下関係の緩い環境で野球をやらせたいと考える親だっているだろうし、厳しい環境で野球をやらせたいと考えている親だって実際にはいる。「どちらかだけが正解である」という排他的二者択一の考え方は、私は存在しなくたっていいじゃないかと思っている。

他のチームの選手と仲良くすることの弊害とは

もう一つ言わせてもらうと「先輩と後輩の見分けがつかない」という風潮は、学生野球だけでなくプロ野球にまで波及している。同じチームメート同士でもそうだし、最近は侍ジャパンで各チームの主力選手同士が触れ合う機会が増えたが、そこでも一目見ただけでは、誰が先輩で誰が後輩なのか、本当に分からなくなった。

これも時代の流れ……という一言で片付けていいとは私には思えない。

私たちの時代で他チームの選手が触れ合う場と言えば、夏に開催されるオールスターや日米野球くらいだった。こうした場では、実績の乏しい若手選手はベンチの隅に座り、球界を代表するような選手は、中央にデンと座っているのが当たり前で、今の選手たちのように、ベンチ内で和気あいあいとした雰囲気など皆無。でもそのことに異を唱える者など一人もいなかった。

私は現役時代にオールスターに5回選出（うち4回出場）されたが、とくに印象に残っているのが初めて出場した1974年である。

日ハムの張本勲さんや、近鉄の土井正博さん、阪急の長池徳二さんらがベンチの真ん中付近でドンと座っていると、なかなか近寄ることができなかった。話し掛けようにも、近寄ってくるなというオーラが漂い、その姿はまさに武士道そのものだった。

それが今は違う。球団の垣根を越えて、先輩、後輩関係なくフレンドリーに話し掛けている姿をよく見かける。令和の今の時代ならではの光景ともいえるが、仮にもペナントレースで優勝を争うライバルチームであることを考えれば、たやすく話し掛けることが必ずしもいいとは限らない。

かつて中日、阪神、楽天で監督として采配を振るった星野仙一さんは、

「他のチームの選手とは一切会話をするな」

と在籍した選手全員に伝え、そのルールを破った選手に対しては高額の罰金を科した。

理由は単純明快だ。

「オレたちは趣味で野球をやっているわけじゃない。仕事で野球をやっているんだ。チームの機密情報が漏れるようなことがあってはならん」

まさに正論である。星野さんの指摘は正しい。敵として戦う相手の選手たちと、試合前にグラウンド上で会話をするなんて、私には到底考えられないのだ。

もし他のチームの選手と試合前に会話をしているようなところが見つかれば、即罰金の対象となる。おそらく当時の中日の選手にしてみれば、他のチームの選手が近寄って来ようものなら、「来るな、来るな」と内心ビクビクしていたに違いない。

だが、こんなことは当然だし、今の選手のように試合前にツカツカと近寄って会話するのはもとより、他のチームの選手と一緒に合同自主トレを行うなんて、とてもじゃないが考えられないことだ。

本当に「勝ちたい」「優勝したい」と思っているのならば、自チームの選手と一緒にやればいいだろうというのが、私の考えである。それを「技術を教えてもらえるから」という理由で、他のチームの選手と一緒に合同自主トレを行うというのは、いかがなものか。

他チームの選手との合同自主トレで起きる、3つの弊害とは

こうした現状に対して、チームの首脳陣はあまり大きな声を上げないが、私は3つの弊害があると見ている。

1つ目は「コーチの存在意義がなくなってしまうこと」である。

今の時代、どんなに強かろうと弱かろうと、チームには各部門の専門のコーチが存在している。ピッチャー専門のコーチ、バッテリー専門のコーチ、バッティングを教えるコーチ、守備や走塁を教えるコーチ……しかもそれらが一軍、二軍ともいるのだが、「ライバルチームの選手から教わるからいい」という理由で合同自主トレを行ってしまえば、そのコーチの存在意義が問われてくる。

もっと言えば「私たちのチームのコーチは、たいした技術を教えることができない無能な人なんですよ」という烙印を押しているとさえ見られかねない。これはコーチ本人にとっては屈辱以外の何物でもないし、あってはならないことなのだ。

それにもかかわらず、選手たちは「それが当たり前ですけど何か?」と平然とした顔で、他のチームの選手と一緒に合同自主トレを行う。こうした考えが私には、違和感しかない。

2つ目は、「チーム内の機密事項が漏洩《ろうえい》する可能性が高いこと」である。

たしかに合同自主トレともなれば、昼間はトレーニングやバットやグラブを使っての練習を行っているだろう。だが、問題は練習が終わった後、つまり夕方以降の時間だ。お酒を飲める選手ならば自然と夜はお酒を交えた食事会ということになる。初めは技術論を交わしていたつもりが、徐々に酒が入ってヒートアップしてくると、話はチーム内のことに及んでくる。そのような時に、つい口を滑らしてチームの機密事項に話が及んでしまう……なんてことだって十分に考えられる。

例えばチームの違うA、B、Cの3人の選手が合同自主トレを行い、夜に食事会をしたとする。そこでこんな会話に及んだとしよう。

A選手「ウチの攻撃中のサインは複雑なんだよね。Dコーチがとにかく細かい人だから」
B選手「へえ、どういうふうに細かいの?」
A選手「初回から中盤まではキーサインを帽子のひさしにしているんだけれども、終盤になるとキーサインを胸を触るようにするんだ」
C選手「それはいつものことなの?」
A選手「もう毎試合違うんだ。だから試合前のミーティングが毎回長くなって、もううんざりしているんだよ」

これは立派な情報漏洩である。「A選手が所属するチームは毎試合、攻撃中のサインを変えていること」が、B選手、C選手の2人に分かってしまうからだ。チームの機密事項をお酒の席で漏らしてしまうなどというのは言語道断だが、他のチームの選手と寝食を共にした合同自主トレを実施したとすれば、十分起こり得ることなのだ。

最近はこうした動きに対して、「球団の垣根を越えた交流」と言って、マスコミは美化しがちだが、私はそんな一言で片付けてはいけないことだと考えている。

「技術が上がれば球団の垣根を越えて自主トレをするのがいい」と考えるのではなく、「自分のチームの機密事項が漏れている可能性があるかもしれない」と考えてみれば、どう対処すべきかは答えるまでもなく、「やめさせる」の一択しかない。

WBC選手が陥った、他チームの選手との合同自主トレの弊害

最後の3つ目は、「自分には合わない技術をモノにしようとする弊害」である。これは最近のプロ野球の世界でも実際にあった。それについてお話ししていきたい。

2023年といえば、プロ野球の開幕前の3月に、第5回WBC（ワールド・ベースボール・クラシック）が開催された年である。侍ジャパンの代表選手に選ばれていた山本由伸（当時オリックス、現ロサンゼルス・ドジャース）と髙橋宏斗（中日）の2人は1月に合同自主トレを行ってから、それぞれ所属のチームに戻って春季キャンプをスタートした。

だが、このとき髙橋のピッチングフォームに周囲が驚いた。山本とウリ2つの投げ方だったからだ。ピッチングモーションに入ってから、左足をほとんど上げず、すり足のまま踏み出していく。「スーパークイック投法」が山本の持ち味だが、髙橋もこれをマネてみたというわけだ。

だが、キャンプで髙橋が投げ込んでいくと、本来の持ち味がまったくなくなってしまった。右肘のしなやかなしなりはなく、豪快に投げ下ろされる迫力が、全て消えてしまった。

それを見た当時の立浪和義監督は、

「全部が全部、山本と一緒にしようとするとおかしくなってしまう」

と報道陣を前にこう話した。実際、ピッチング練習を終えた髙橋を呼び止め、こう告げたそうだ。

「去年（22年）、なんでおまえが勝てて、なんで日本代表に選ばれたのか。その一番良かったものがなくなってるんじゃないか？」

3年連続最下位という結果に終わり、24年限りでユニホームを脱いだ立浪前監督はその手腕を疑問視されることがたびたびあったが、この点については彼の考えが正しい。

髙橋は22年はプロ2年目にして6勝7敗、防御率2・47という成績を残すことができた。彼にしてみれば、さらにステップアップするために、さまざまなものを試している中での、「山本のピッチングフォームをマネる」ことだったのだろうが、これはさすがにやり過ぎた。

髙橋が山本の練習を見て、自分でもいいところを取り入れようとしていたことは、立浪前監督も否定していないが、明らかに進むべき方向性が間違っていることが分かったとき、それをストップさせるのは首脳陣、ひいては監督の役目である。誰が何と言おうと、「間違っているものは間違っている」と指摘した立浪前監督の意見は尊重されるべきだろう。

なぜこのような結果になってしまったのか。それは「2人の体の違い」によるところが大きい。

山本は178㎝なのに対して、髙橋は186㎝。長い手足を生かして、角度をつけて投げ下ろすボールが、彼の最大の特徴であり、長所となる。立浪前監督が指摘する、飛躍の年となった22年シーズンに158㎞ものストレートを投げられたのは、彼の良さを生かしたピッチングフォームによるところも大きかった。

だが、山本のマネをしてその良さが失われてしまった。これでは立浪前監督ならずとも指摘したくなるだろう。

結局、髙橋はここから修正していき、23年シーズンこそ7勝11敗で負け越したものの、24年は大きく巻き返し、12勝4敗、防御率1・38で最優秀防御率のタイトルを獲得した。髙橋にとっては回り道をしたに違いないが、そのことで「自分の長所」と「自分にできないこと」の違いについて学ぶことができたのだとしたら、決してマイナスとはならなかったはずだ。

ノムさんが打撃指導を行わなかったワケ

指導者が選手を指導していく上で一番難しいのが、技術をいかに相手に分かりやすく、かつ選手に合うものを伝えられるかである。簡単なようで、実はこれが一番やっかいなのだ。

そもそもプロの世界で実績を残した者が指導者になったとしても、こうしたことを理解せずに指導している者は多い。一から十まで教えたにもかかわらず、技術をものにできないとなると、「どうしてできないんだ！」と選手を叱責してしまう。これでは選手も技術を会得できるはずがない。

そうなると「あえて技術指導はしない」という選択肢を取る指導者もいた。それがなんとあのノムさんだったのだ。

通算安打数2901、通算本塁打数657という輝かしい実績を誇り、南海、ヤクルト、阪神、楽天で監督を務めていたノムさんだったが、選手に事細かにバッティングの指導をしている姿を見たことがない。「もっと教えてあげればいいのに」と、私が思ったことも一度や二度ではなかった。

ある時、ノムさんに「どうして選手にバッティング指導をしないんですか？」と聞くと、意外な答えが返って来た。

「責任が持てないんだよ」

「どういうことですか？」詳しい説明を求めるとノムさんはこう続けた。

「オレが『インコースはこう打てばいい』と教えたとする。すると、アドバイスを受けたバッターは『監督がそう言っているんだから』と、教えた通りにスイングをする。それで打てなかったらどうするんだ？　教えたオレが責任を取らなきゃいけないだろう。バッティングの技術を教えるのは本当に難しいんだよ。十人十色という言葉があるように、一人一人の身長や体重も違えば、体の柔らかさや筋肉の付き方も違う。オレが『こう打てばいい』とアドバイスをしたところで、選手本人に合っていなければ、どうにもならないんだよ」

あまりの正論に、私も返す言葉がなかった。自分の持っている技術を会得するのに、相手も同じ方向のアドバイスをして当てはまるとは限らない。それだけに、バッティングのアドバイスをすることをノムさんはやめていたというわけだ。

それに、とノムさんはさらに続けた。

「オレも600本以上ホームランを打ったけど、どういうふうに打ったのかって、よく分かっていないんだよ。ホームランバッターが使うグリップが細いバットから、グリップエンドの太い、アベレージヒッター用のバットを使うようになってからホームランを打てるようになったんだけど、その理由をうまく説明できないんだ。それにもかかわらず、選手に技術がどうとかこうというのは言えないし、そんな曖昧な理論しかないならアドバイスなんかしない方がいいよね」

ノムさんほどの実績を残した大打者でも、選手にバッティングを教えなかったのには、こうした理由があったからだ。

髙橋に話を戻すと、髙橋の「優秀なピッチャーの技術を取り入れて、さらに上を目指したい」という気持ちは理解できる。問題は、「それが合わなかったときに、どう軌道修正を図るのか」だ。幸いにも彼はうまく対処できたのでよかったが、そうでない場合だって起こり得る。こうなると悲惨としか言いようがない。こうした最悪の事態を想定してしまうと、「他のチームの選手との合同自主トレはリスクが大きいのではないか」という結論に達してしまうのだ。

おそらく今後も他のチームの主力選手同士の合同自主トレは行われることが予想されるが、各チームの首脳陣はあえて「待った」をかけてほしいと思っている。

200球、300球の投げ込みは是か非か

今の時代に、ピッチャーに対して一日200球、300球の投げ込み練習を課したらどうなるのか。十中八九、「パワハラだ」と言われてしまうことは間違いない。その理由として挙げられるのが、「肩が壊れたらどうするんだ」というものだ。

この考え方にも正しい一面はある。選手の体格や特性によっては、投げ込みという練習方法が合わないこともあるだろう。私も、今の選手たちすべてに投げ込みをやれと言っているのではない。もちろん、骨格のでき上がっていない幼年期、少年期に投げ込めと言っているのでもなく、体ができ上がった野球選手に対しての話だ。むしろ、プロに入って肩を壊す遠因は、骨格形成や投球フォームが未熟なリトルリーグ時代の投げ込み過ぎにあるとも考えられる。

だが、それが分かった上で「投げ込まなければピッチャーとしての能力が開花しない」

とも考えているのだ。これはパワハラでもなんでもない。

まず、二流、三流のピッチャーほど投げ込まなければならない。一流のピッチャーのようなスピードやコントロール、キレがないから二流、三流なのであって、そうした選手ほど一流のピッチャーの2倍、3倍の練習を課さなければ絶対に追い付かない。

例えば120㎞のストレートを投げ、なおかつコントロールの悪いピッチャーがいたとする。どう考えても二流以下のピッチャーだ。ここから一流の域に達したいと思うのならば、死に物狂いで練習しなければその域には届かない。

もちろん投げ込み以外にも走り込みだって必要だし、ノックを受けてフィールディングだってうまくならなければならない。やるべきことは山ほどあるし、それをクリアしたからといって、必ずしも一流には到達するとは限らない。それを承知の上で、過酷な練習ノルマをこなさなければ、一流の域に到達することはできない（しかし、そう考えることができる人は今では絶滅危惧種で、虚しさを感じている）。

だが、「投げ込みをやると肩が壊れるから」という理由で投げ込みを一切しなければどうなるのか。答えは簡単、二流、三流のままで終わってしまうに過ぎない。こんなことは誰もがちょっと考えれば分かる話だ。

中日のエースとして活躍し、3球団で監督を務めた星野仙一さんと言えば、明治大の出身だ。当時の明治は、後に野球殿堂にも入られた島岡吉郎さんが監督を務め、その猛練習ぶりは法政はもちろんのこと、他の4大学も耳にしていた。

実際、星野さんからもこんな話を聞いていた。

「オレたちの時代は500球、600球の投げ込みは当たり前。ときには『今日は1000球投げておけ』なんていう日もあった。内心はコノヤローって思うこともあったな。だけどな、あれだけの練習をしたからピッチングのコツをつかんでコントロールも良くなったんだ。それに『これだけ練習したんだから、誰にも負けるはずがない』と思って相当自信が付いて、力の「抜き方」も覚え、プロの世界でも活躍することができた。そういう意味では、島岡さんには感謝の言葉しかないな」

星野さんの偽らざる本音だろう。

便器を手で拭いて、舐《な》められますか?

星野さんがいた明治大の話は、これだけにとどまらない。島岡さんが監督だった頃の野球部は「ザ・昭和」と言えるような、今の時代では考えられない指導が行われていた。とりわけ野球の技術を教えるのではなく、人間教育に注力していたことでも知られている。

島岡さんには野球経験がない。バッティングやピッチング、守備、走塁面と野球全般における技術的な指導が事細かにできなかった。

こんなエピソードもある。東京六大学の試合で明治大がピンチの場面を迎えたとする。すると島岡さんがマウンドに足を運んでピッチャーに一言声を掛けるのだが、その時の言葉は決まって、

「なんとかせい」

たったこれだけだった。もはやアドバイスでもなんでもなく、「気合で抑えろ」というニュアンスと同じような意味合いを持つ。

けれども、それでピッチャーは実際に抑えることが多かった。もし逃げに逃げて大量失点でも取られようものなら、試合が終わってグラウンドに帰れば、夜中まで猛練習をさせられる。それだけは避けたいとする一心で、島岡さんの「なんとかせい」の一言で、選手たちは発奮していたのだ。

そんな明治大野球部だったが、島岡監督から殴られなかった卒業生は、高田繁さんと星野さんの2人だけだったという。だが、星野さんの場合、島岡監督から直接叱られた場面は何度かあった。そのうちの1回が次に話す強烈なエピソードだ。

島岡さんが監督の頃は年功序列で雑用をするのではなく、4年生が掃除を行い、キャプ

テンがトイレ掃除を行うのが慣例とされていた。

ある日、4年生でキャプテンを務めていた星野さんは、一日だけトイレ掃除をさぼった。「毎日面倒だから、今日くらいはいいだろう」という気持ちでつい怠ってしまったというのだが、その日のうちに島岡監督にばれてしまった。

「おい、ちょっと来い！」

島岡監督が星野さんの手を引っ張って、トイレに連れて行く。星野さんはてっきり「自分が掃除をさせられるものだ」と覚悟していたそうだが、実際は違った。

なんと島岡さんが便器の中に自らの手を突っ込んで拭き始めたのだ。そうして便器がピカピカに磨かれるのを見るなり、

「いいか、こんだけきれいにせんと、掃除したとは言わせんぞ！」

と言って、便器をペロリと舐めた。その姿を見た星野さんは、「オレにはできない」とあ然としたのと同時に、「この人に二度とこんなことをさせないようにしよう」と決意し、

「申し訳ありませんでした！」

とひたすら謝罪し続けたそうだ。

トイレの便器を手で拭いたり、あるいは舐めるなんていう島岡さんのような行為は、私が在籍していた法政大がどんなに先輩後輩の関係が厳しいからと言っても、絶対にあり得

ない。いや、当時の早稲田大、慶應義塾大、立教大、東大の他の4つの大学の野球部の監督でさえ、便器を舐めて掃除のお手本を見せるなんてことは、あり得ないはずだし、他の全国の大学野球部だって同様だろう。もし今の時代に、島岡さんのようなことを実践させる監督がいたならば、選手から苦情どころか、100%パワハラ扱いされて、即刻クビになることは間違いない。

このエピソードを星野さんから聞いた直後、「エモ、おまえさんは便器を手で拭いたり舐めたりすることができるか？」と聞かれたので、即座に、「あきまへん」と言った。

「そうだよな。おまえさんのその感覚が普通なんだよな、オレは『そこまでしなきゃいけないのか！』って内心驚いてばかりだったよ」

と苦笑いしながら話していた星野さんの表情は今でも忘れられない。

島岡監督時代の明治大野球部のエピソードには事欠かないが、私が聞いた限りでは星野さんのこのエピソードが最も強烈に印象に残っている。同時に、星野さんの強烈なキャプテンシーは、島岡さんから受け継がれたもので間違いない。

これほど厳しい島岡さんが野球部OBから慕われていたワケ

島岡さんの話をもう少しすると、私が阪神での現役時代の時、明治大野球部出身だという私より10歳年下のスポーツ紙の記者に遭遇した。彼とひとしきり野球の話をした後、私からこんな話を切り出した。

「島岡監督の時の野球部の話はいろいろ聞いていたんだけど、あんな過酷な環境で野球をやっていたのに、どうして島岡監督のことが好きなの？　本当に信頼関係はあったの？」

すると彼は、「もちろんありましたよ」と言って、こう続けた。

「外部から見たら相当ハチャメチャに思えたかもしれませんが、根っこの部分は愛情にあふれていたんです。そうは言っても、僕だって血の通った人間ですから、島岡監督に対して『コンチクショー』と思うことはありましたよ」

「けれども島岡監督がなぜ叱っているのか、その真意は何なのかを考えた時に、自分たちにも落ち度があることに気付いたんです。島岡監督はそこを見逃さずに、『バカヤロー』と叱ってくれていたというわけなんです」

たしかに野球部に在籍している間の島岡さんは厳しいと評判だった。島岡さんは野球未経験者であるにもかかわらず、野球部の監督となり、星野さん以外にも古くは秋山登さん（大洋）や高田繁さん（巨人）、広澤克己（ヤクルト、巨人、阪神）といった選手を輩出している。

聞けば普段の生活面、たとえば箸の上げ下げやふとんの畳み方、身だしなみや靴のそろえ方に至るまで指導していた。こうしたことをうっとうしいと思うかはそれぞれによるが、野球のプレー以外の、礼儀や作法をしつけられたことで、大学を卒業して社会に出てから大いに役に立っていると、記者の彼は話していた。

「社会人1年目、2年目の若造に仕事ができるかどうかなんて、上司も判断できないじゃないですか。でもそんなときに、上司に対して礼儀正しい言葉遣いや分をわきまえた立ち居振る舞いができていると、『彼は礼儀がしっかりできているな』と評価してもらうことができる上、『彼にこの仕事を任せてみよう』とチャンスをもらえることだってあるんです。島岡さんから礼儀作法を教わったおかげで、後々助けられたと感謝している野球部員は、一人や二人なんてもんじゃない。卒業生のほぼ全員がそう思っているんじゃないでしょうか」

島岡さんは野球選手を育成しているのではない。将来、社会に出て役に立つ人材づくりを野球部を通じて行っていたのであって、野球はあくまでもその手段でしかない。彼の話を聞いて、「島岡門下生」を名乗る明治大野球部のOBが多いことに、妙に納得した。裏を返せば、それだけ島岡さんのことを慕っていたOBがいたということを、私はこのときはっきりと理解した。

令和の今の時代であっても「根性」「気合」は大事

明治大野球部の昔の話は極端過ぎるかもしれないが、昭和の時代と比較して令和の今の時代は、「気合」や「根性」という言葉を聞くと、若い人はとくに「古くさい」「時代錯誤も甚だしい」などと、ネガティブな言葉と捉えてしまうはずだ。

けれども私はまったく逆だ。「令和の今の時代だって、気合や根性は必要だし、時代が変われど不変なものである」とさえ思っている。それにはれっきとした理由があるからだ。

私が昔からお世話になっている、大学病院の偉い教授とお会いした際、

「私は、配属されてきた若手医師には必ず『医師に必要なものってなんだか知っているか？』と聞くようにしているんです。江本さんは何だとお考えですか？」

と聞かれたことがあるので、私はてっきり、「病気に対する知識を蓄えるために勉学を積み重ねること」だったり、「手術の際に必要な、ハイレベルの手技を身に付けること」だと思ったのでそう答えた。

すると、その教授は笑顔で「違いますよ」と言いながら、手元にあった白紙にペンを走らせた。そこに書かれた言葉はなんと、

「根性」

という2文字だった。「えっ、そうなんですか⁉」と私があっけにとられていると、その教授は続けた。

「勉強して知識を蓄えることだったり、手技を身に付けるなんていうのは基本のキで当たり前のことなんです。それよりも大切なのは、場合によっては9時間、10時間と長時間の手術に耐え得るだけの体力と集中力、すなわち根性が必要なんです。これがなければ、患者さんの命を左右するような長丁場の手術を成功させることができませんからね」

このことを若手医師たちに伝えると、表情が固まって真剣なまなざしで聞く者もいれば、私のようにあっけにとられた表情を浮かべる者もいるのだそうだ。

どんなに医療の知識が昔よりも豊富になっても、医療の技術が発達しても、最後の最後に必要なのは「根性」だという教授の話に、私は深い感銘を受けた。

このことは野球にも言えることだ。どんなにトレーニング技術が発達しようとも、あるいは道具が良くなろうとも、最後の最後で勝負の分かれ目となるのは「根性」と「気合」である。

２０１５年からの10年間で、リーグ優勝４回、日本一５回を記録しているソフトバンクだが、大枚をはたいて戦力補強する一方で、選手の負けん気の強さも見逃してはならない。

24年シーズンで言えば、６月にプロ最長８回を投げて勝利投手になった大津亮介は、

「もう８回は気合です。強い気持ちで全力で行きました」

と話していた。そうかと思えば日本シリーズではＤｅＮＡと対戦した第２戦で、２対０とソフトバンクがリードした３回表一死満塁から、牧原大成が一、二塁間に抜ける２点タイムリーを放った。

このとき牧原は、

「ここまで来たら気持ちだけ。この絶好機で絶対ランナーを返そう、という強い気持ちで打席に入りました。気合と根性で打つことができました」

と話している。ソフトバンクは12球団の中でも頭一つ抜ける形で戦力が充実していることは間違いないが、時代遅れに聞こえるような「気合」「根性」という言葉をサラリと言えるところにも、強さの一端がある気がしてならない。

長い練習時間は意味がないのか？

最近は何かと言えば「長時間労働は悪。短時間労働にして効率的にしよう」と言い出す人が増えている。仕事や勉強についてもそうだし、野球の練習についても同じことが言える。このことはアマチュアに限らず、プロの世界でも言われ出している。

昔のように「朝から晩まで練習させることは悪だ」と決め付けてはばからない。こうしたことを唱えている人ほど、「効率的に練習をやれば、いい結果を得られるはずだ」と主張するのだが、あくまでも「はずだ」であって、私はそれが全て正解だとは思えない。「どこを目指すかによって、長い練習だって意味のあることだ」と考えているからだ。

こうした主張がよく聞かれるのは、高校野球の場合で言えば進学校の野球部である。彼らの中には、東京六大学はもとより、国公立を目指す者もいるので、文武両道を期して効率良く練習することが最善だと考えているフシがある。

23年の夏の甲子園大会で慶應が107年ぶりに優勝した直後、「野球をやらせるのなら文武両道であるべき」という声が急激に高まり出してきた。一部には、「進学校は効率を重視しながら練習に取り組んでいる。昔のように長時間、ひたすら野球だけやっていればいいという選手や学校は、もはや時代遅れだ」

という識者まで現れ出した。

だが、ちょっと待ってほしい。野球をやる目的は、子どもたちによって十人十色であることを忘れないでほしい。

実際に「将来はプロ野球選手になりたい」と考えている選手たちは、効率的な練習ではなく、ガンガン打たせて、走って、守らせることでスキルが上がっていくものだ。これはピッチャーだろうと、野手であろうと、一切関係ない。練習に練習を重ねて、コツをつかんで技術を会得していく。そうして試合で結果を出し続けたその先に、プロへの道が開かれていくというわけだ。

それにもかかわらず、初めからプロを目指していない、あるいは甲子園常連校でない、進学校の練習スタイルをマネしたところで、なんの意味もない。なんでもかんでも効率を重視した練習を行ってみたところで、イメージ通りの良い結果が残せるとは思えない。

「長時間練習は悪」という見方をしている人のように、プロ野球選手になることを夢見ていたり、甲子園出場を懸けて長時間の猛練習をしている高校球児を否定することの方がおかしい。

それに私はよく思うのだが、例えば東大や京大、果てはハーバード大など、学業でトッ

プクラスの大学を目指すために、一日10〜12時間くらい勉強しても、誰も何も文句は言わない。むしろ、

「それくらいやらなきゃ、東大には入れない」

「とことん自分を追い込んで勉強すべきだ」

などと、長時間の勉強を奨励する者だっている。勉強はいいのに、野球はよくないというのは、どういう論理で言っているのか、私には到底理解できない。

それに——。１９８０年代のバブル時代の話になってしまうが、あの当時の日本は、長時間労働をしていたからこそ、世界でトップの経済大国になり得ることができた。朝から晩までどころか、深夜や明け方まで汗水たらして働いてお金を稼ぎ、生活が豊かになっていった。

ところが、働くのが苦手な欧米人に倣って、「長時間労働は悪。いかに働かずに稼ぐか」という風潮が世間に浸透した結果、日本は経済大国の座を明け渡し、にっちもさっちもいかない状況を作り出してしまった。今の時代に「かつてのような労働環境に戻せ」と言ってしまえば、ハラスメントだなんだと騒ぎ出す連中は大勢出てくるだろうし、そんな時代は二度と来ないことくらいは私も重々承知している。

だが、長時間練習をしたその先にある、「甲子園出場」「プロ野球選手になる」という目

標はあってしかるべきだし、それを否定するのは大人たちのエゴである――。このことを私は声を大にして言いたい。

給水タイムは必ずしも必要とは限らない

2024年シーズンのプロ野球を解説者席から見ていて、「これはなんだ？」と感じたシーンがある。それは、「ピッチャーがピンチの場面を迎えた際、ピッチングコーチがタオルとペットボトルに入ったドリンク類を持ってマウンドに向かう光景である。

ピンチの場面でピッチングコーチがマウンドに足を運ぶのは理解できる。ベンチからの指示を伝えたり、続投できるかどうかを見極めたりするのもこの時だから、意味のある行動だと理解できる。

だが、マウンド上のピッチャーに給水をさせるなんてことは理解できない。体が重くなって実力が発揮できなくなるのではないだろうか。喉が渇いたのだとしたら、ベンチに戻ってから給水すれば、それで十分なのではと思う。まして、いまや空調の効いたドーム球場での試合が多いのだからなおさらだ。

考えてみてほしい。舞台で演じている役者が、「喉が渇くかもしれないから」という理由で、舞台上で付き人やマネジャーを呼びつけて水分補給をはじめる……なんてことは到底あり得ない。そんなことをしたら芝居の緊張感もへったくれもないし、覚えていたセリフだって頭から飛んでしまうかもしれない。そう考えるのが普通だろう。

これはプロ野球に限らず、高校野球も同様だ。夏の熱中症対策という観点で、23年夏の甲子園大会から5回裏終了時点で10分間の「クーリングタイム」が設けられた。この休憩時間に、選手たちは体を冷やし、水分補給をする。

ところが実際に夏の甲子園を見ていると、クーリングタイムを終えた6回以降に足がつったり、立ち上がれなくなるといった、熱中症の症状がみられる球児が続出していた。試合開始から中盤までは、はつらつとプレーしていたにもかかわらず、クーリングタイム以降に熱中症になってしまうとなると、「クーリングタイムが適切なものなのかどうか」を見直す必要もあるだろう。

私は何も「水分補給は悪」だとか「ギリギリまで我慢すべし」などと言いたいわけではない。特に必要もないのに、習慣のようにむやみやたらに水分を採ってパフォーマンスを落としてしまうのではなく、もっと適切な方法があるのではないかと言いたいのだ。

「古いものはダメ。新しいものはいい」という価値観が間違っている

最近の若い人の風潮として、「新しいものはいい」「古いものは悪い」と、極端に考える人が増えたように思う。新聞や雑誌、テレビをオールドメディアと呼び、時代遅れの無用の長物の様に扱ったりするのもそれだ。しかし、インターネットの出自不明の情報に踊らされるのではなく、記者や編集者がきっちりと取材した情報は非常に有用なものだし、そこに古いも新しいもないのではないか。

野球にしてもご多分に漏れずで、

「昔の打ち方で打てるんですか？」

「昔のピッチャーは投げ過ぎだったんじゃないですか？」

などと言う人もいるが、この点でも私は全くそうは思わない。これまでの人生経験を踏まえた上で「新しいやり方でもダメなものはダメだし、古いやり方でもいいものはいい」と断言したい。

私はこういう質問をしてくる人に、逆に問いたい。

「今のバッターはどうして打率が低いの？」

「今のピッチャーはどうして長いイニングを投げられなくなったの？」

的確に答えられる人はほとんどいないのではないだろうか。もちろんここに異論や反論を挟む人もいるだろうが、しかし実際に、2020年にセ・パ合わせて12人（セ8人、パ4人）いた3割バッターは、24年には3人（セ2人、パ1人）にまで減少しているのだ。これに対して、私が納得する説明をできる人は、まずいないのではないか。

今は投高打低と言われているが、たしかにピッチャーとバッターの成績を見れば、ピッチャーの防御率はいいし、バッターは3割打者が大幅に減った。数字が明確なのだから、この点は間違いないが、だったら「どうしてピッチャーは長いイニングを投げられなくなったの？」という疑問に対してはどうか。もちろん「競技自体のレベルが上がったから」なんて説明はただの屁理屈であり、話にならない。

最新のトレーニング理論によって、ピッチャーの肉体は進歩したはずなのに、長いイニングを投げようとすると、途端に肩や肘を故障する。これでは「何のためのトレーニングをしているのか？」という疑問を持つ元プロの野球解説者は、私に限った話ではない。

だからこそ、かつての名選手たちが実行していた昔のトレーニングに、あえて目を向けてみるというやり方だってある。うさぎ跳びや走り込みに投げ込み、特守、特打と、あらゆる練習を一心不乱にしてみることである。もしかしたらそこに、壊れない体づくりのヒントが隠されているかもしれない。先人の知恵や経験を馬鹿にしたものではない。今の若い人たちには「昔の人の意見も一度聞き入れて」みてほしい。

第5章

ノムさんと50年間続いた、複雑怪奇な人間関係

「南海へのトレード」を知ったのは新聞で

私がプロ野球の世界で実績を残すことができたのは、さまざまな人との出会いがあってこそである。法政大学から熊谷組に入社して1年目の冬、私をドラフト外から東映入団に導いてくれた法大野球部の先輩であり当時スポーツニッポンの記者だったNさん、東映フライヤーズでこれでもかと、鍛えまくってくれたピッチングコーチの土橋正幸さん。挙げればキリがないほど多くの人の顔が浮かんでくるが、南海ホークスでいえば……それはもちろん野村克也さん……ノムさんである。

東映1年目の秋、突如持ち上がったトレード話。行き先が「南海ホークスだ」と聞かされ、私はなんだか都落ちしたような心境になった。当時の南海には、法政三羽がらすの一角でもあった富田勝さんや、同級生の黒田正宏や堀井和人、ほかにも新山彰忠ピッチングコーチや鈴木孝雄バッテリーコーチなど、法政大学出身の選手やコーチがいたので「心細い」ということはもちろんなかったが、社会人の熊谷組、そしてプロでの東映と、6年もの間、東京もしくは東京近郊に住み続けていた私にしてみたら、急に関西、とりわけ大阪に行くというのは、青天の霹靂《へきれき》だったし、不安が大きかったのだ。

しかもトレード話の第一報は球団からではなく、新聞を見て知ったのである。慌てて、東京の知人に電話をしてみると

「あなたのこと新聞に出てるよ」

と言われた。

この時、私はシーズンオフで高知に帰郷していたので、ただただ驚いていたのを今でもよく覚えている。パソコンやスマートフォンでどんな情報でもたやすく収集できる、インターネットが発達した今の時代ならば、考えられないことだろう。

南海ホークスと言えば、まず最初に名前が挙がるのは「戦後初の三冠王」となり、選手兼任監督だった野村克也さんだ。東映に在籍していた時は「野村さん」、南海に在籍してからは「野村監督」。以降、阪神、現役引退、野球解説者となって今日にいたるまで、公の場では「監督」と言い続けるような関係になっていたが、まさかノムさんが亡くなる2020年2月まで50年も続くような関係になるなんて、この時はみじんも思っていなかった。

ここでは遠くから見ていた野村さんから、尊敬のまなざしで見るようになった南海時代の野村監督、さらには私が現役引退してからのヤクルト、阪神、楽天時代の野村監督、そしてユニホームを脱いで以降の「ノムさん」との関係や、傍らに必ず付き添っていた、あの夫人のことまで、私と野村監督との関係性について、余すところなくお話ししていく。

南海にやって来て、野村監督との最初の出会い

野村監督との初対面は今でもはっきり覚えている。南海に移籍して初めて参加した72年1月の自主トレの初日、場所は堺市の中百舌鳥《なかもず》球場だった。

寒空の下、トレーニングが始まる直前に、監督で4番捕手の野村克也がグラウンドの中に、なんとグリーンのリンカーン・コンチネンタルを乗り入れてやって来た。家が一棟買えるくらいの高級車だ。

「さすがスターはすごい」

そう思った直後、車のドアが開くと、グリーンのブレザー姿の野村克也が降りてきた。すると、選手全員が集合する。

今でも覚えているのだが、この時の選手たちの目線は監督ではなく、リンカーン・コンチネンタルに注がれていた。その時一人の選手が、「すげえなあ……」とため息交じりに言葉を漏らした直後、野村監督はその選手にこう言った。

「お前ら、こんな車が欲しかったら、しっかり頑張れや！」

そんな言葉から始まって10分弱、監督の訓示が続いた。私は私で、

「この人が三冠王を獲った野村監督か……」

　と気持ちが昂ってくるのを、直に感じた。そうして訓示が終わってトレーニングが始まった。その後で、私は野村監督に呼び出された。

「東映からトレードで来た江本です。今日から自主トレに参加します。よろしくお願いします」

「おお、よう来たの」

　それが野村監督の第一声だった。私が一通りのあいさつをすると、

「お前は、オレがボールを捕れば10勝はできる！」

　前年の東映の1年目、一軍デビューは果たして26試合に登板し、東映では期待されていたが0勝4敗という結果だった。そんな実績のない私に、いきなり高い数字を言ってくれたことに、驚きを隠せなかった。

　そこから野村監督は、背番号の話に移っていく。

「ウチではエースナンバー（16番）を付けとけ！」

　といきなりユニホームを私の前にポンッと置いた。

　背中に電気が走るくらいにうれしかった。まだ実績を残していない若造に、いきなりエースクラスの背番号をくれると言うのだから、意気に感じないわけがない。

後で聞いた話だと、16番はピッチャーの種部儀康さんが70年から2年間、付けていた番号だった。それが71年のシーズン終了後に種部さんが引退し、ピッチングコーチになられて背番号を74番に変更したことで、急きょ空き番号になっていたというのだ。

しかし私にはそんなことはどうでも良かった。野村監督からプロで0勝のピッチャーに「10勝」を期待され、エースクラスの背番号「16番」をもらえたことに恩義を感じていた。

「よっしゃ、この人の下で頑張ろう」

これが野村監督との初対面での出来事だったのだ。

野村監督の「褒め過ぎない」スタイル

シーズンに入り、バッテリーを組むことになってから、

「サインは一応オレが出す。だがすぐにうなずいて投げるのではなく、オレが何でその球を要求したのかを考えてから投げてこい。オレのサイン通りに投げて打たれたら、それはオレの責任や」

当時から、常に考えて投げてこいと口酸っぱく言ってリードする捕手であった。

しかし、野村監督のサイン通りに投げて打たれた時には、「すまん、すまん。アレはオレ

のミスや」と謝ってくれたことも一度や二度ではなかった。だから例えサインミスで相手のバッターに打たれたとしても、私を含めたピッチャー陣は誰一人として、リードに関して野村監督に不満や異論の声を上げる者はいなかった。

野村監督がサインを出す時は、相手のバッターは前の打席でどんな球種を打ったのか、何を待っていたのか、どの方向に打ったのか、アウトカウントやボールカウント、球場の広さ、風向き、どちらのチームがリードしているのかなど、ありとあらゆる状況を考えていた。つまり、当時から既にデータを重視してサインを出していたからこそ、ピッチャーの私も安心して投げられたのだ。

一方で四死球を出して失点したり、突然崩れてノックアウトを食らったりすると、問題を指摘しつつチクリと嫌味を言ってくるが、決してけなすことはせず、あくまで投手を立てていく姿勢があった。

今のプロ野球の首脳陣は、例え先発ピッチャーがノックアウトを食らっても、嫌味を言ったり、くさすようなことは言わない。「お疲れさん」とねぎらって、次の試合につなげようと考えるというのだが、それで選手が発奮するだろうか。

改善すべきポイントをその場で指摘し発奮させることで、次の試合では完封、あるいは完投勝利を飾る、なんてこともしょっちゅうあった。そんな時には野村監督はようやく、

「お疲れさん。次も頼むで」

と言ってくれたが、それでもおべんちゃらは言わなかった。これが野村監督のスタイルだった。「野球人・野村克也」を形成したのは、今なお歴代監督の通算勝利数トップである1773勝を誇るあの鶴岡一人監督だった。

鶴岡さんのことで言えば、いろいろと確執もあったようだが、野村監督は「感謝すれども、非難することはないだろう」と私は思っている。

テスト生で入団した無名の野村克也捕手を、レギュラーに抜てきしたのは他ならぬ鶴岡さんだ。その後も鶴岡監督時代は野村選手を辛抱強く起用し続け、1965年にはプロ野球史上初となる三冠王を獲得するまでの選手に上り詰めた。それもこれも鶴岡さんがいてこその野村選手だったわけだ。

そして鶴岡さんの指導方針も参考にしたという。それが「褒めないこと」である。「ボヤキ」と呼ばれる野村監督の選手に対する嫌味は、鶴岡さんに当時の野村選手がされたことが始まりだった。

「おまえは一流は打てんのう。打つのは二流ばかりや」

「もっとリードを勉強せえ」

こうした「選手を褒めすぎず発奮させるスタイル」を野村監督は取り入れていると、後になって私も知った。だからか、野村監督に直接褒められた記憶はほとんどない。

野村監督の「着眼点」と「柔軟性」という武器

野村監督は選手を「褒め過ぎない」ことを信条にしていたが、もしかすると自分自身に対しても「褒め過ぎない」でいたのではないかと思う。野村監督はＮＰＢ戦後初の３冠王に代表される輝かしい記録を鼻にかけたり、南海ホークス選手兼任監督の地位にふんぞり返ったりすることは決してなく、あくなき探求心で謙虚に「野球道」に邁進した人だった。

１９７０年に南海ホークスの選手兼任監督に就任した際もそうだったらしい。野村監督がまず最初にしたことは「67年からパ・リーグ３連覇を達成した阪急ブレーブスの強さの秘密を探る」ことだった。自らを過信することなく、他の良いところを学び、吸収しようとする野村監督の「謙虚さ」と「柔軟性」が早速発揮された格好だ。

そこで野村監督は「ドクター・ベースボール」とも称されたダリル・スペンサーの存在に着目した。スペンサーはニューヨーク・ジャイアンツやロサンゼルス・ドジャースなどを渡り歩き、64年から阪急に所属し、野村監督とも３冠王の座を争った強打者である。その打棒もさることながら、野球に対する知識や戦術眼は、引退した後も阪急に多大な影響を与えたと言われている。

　そうと結論付けると野村監督の動きは速く、69年に南海で現役を引退したドン・ブレイザーをヘッドコーチとして招へいした。野村監督は以前からブレイザーの野球知識などに感銘を受けていたから、この選択も必然だった。

　そして、ブレイザーの就任は「シンキング・ベースボール」を共に作り上げる参謀役としてだけでなく、監督、4番打者、捕手を兼任する自身の負担を軽減するのにも大きく役立ったに違いない。

　このエピソードは、野村監督の謙虚さと柔軟性がよく分かると同時に、野村監督のもう一つの武器である「着眼点の鋭さ」がよく表れていると思う。

　1973年のプレーオフで阪急を最後に倒して私が胴上げ投手になった時の喜びは、野村野球、ブレイザーと共に作り上げたシンキング・ベースボールが結実した瞬間だったと思っている。そしてこれが後の「野村ID野球」へと進化し、繋がっていったのだ。

私が長髪を切った裏には、サッチーの存在があった

「カントク、そこにいるんでしょう?　ちょっと呼んでくれないかしら」

電話の声の主は女性だった。野村監督とはどういう関係の女性なのかは、その時はピンとも来ていなかったが、これが後の野村沙知代夫人、サッチーだったのだと、少し後になってから知った。

サッチーは時々、大阪球場で試合のある日に電話をかけてきた。

一方の私は私で、

「まあ、面倒くさそうな女性だから、関わらなければええやろ」

程度にしか思っていなかったのだが、ある日突然、彼女が存在していたことで思わぬとばっちりを食らってしまう。

ある時、野村監督から突然、「髪を切れ」と命令された。当時の私は長髪だったのだが、どうもサッチーから、「何、あの頭。不潔たらしい」「野球選手じゃなくて芸能人よ」と言われていたようなのだ。それに加えて、野村監督が親交のあったプロゴルファーの杉原輝雄さんからも、私の長髪について、サッチー同様の指摘があったという。

監督は私と同じで、「別に長髪だろうが、結果を残せば別にええ」という考えだったはずだが、サッチーから言われたのであれば、黙ったままというわけにはいかない。

あるとき、野村監督からこんなことを言われた。

「いい加減、長髪をやめんか」

私は反発していたが、それでも「切れ」の一点張り。しかしどうにもふに落ちない。その言葉が取って付けたようで、監督自身の言葉ではないように感じたのだが……。

だからしばらくの間は野村監督の忠告を「はいはい」と受け流していると、私の姿を見るたびに長髪のことを言ってくるようになった。その回数が日増しに増えて来て、私も「変に意固地になっても仕方がないな」と思いはじめていたある日、

「エモよ！　髪の毛は栄養が先まで伝わるので、栄養を取られたら頭が悪くなる。だから短い方が良い」

などと訳の分からない理屈を並べてきたので、

「分かりました、切りますよ」

と、ついに根負けしてしまった。そして私は久々の短髪となったのだ。

阪神へのトレードが決まった時、はっきり分かったこと

私が在籍していたときの南海は1973年にパ・リーグ優勝をしたものの、翌74年は3位、75年は5位と順位をさらに落とした。その原因で思い当たるのは、野村監督と行動を共にしていたサッチーの存在だった。

このままではチームはまとまらなくなる――。私と藤原満、西岡三四郎の3人がチームを代表して、大阪のリーガロイヤルホテルで野村監督に直談判した。

「ノムさんは選手兼任監督です。公私ともにチームを引っ張って、グラウンドに集中してください」

当時の野村監督は、選手に考え方が近い兄貴分のようなところがあった。けれども野球のことにとどまらず、私生活のことまで立ち入り、あつれきが生じた選手も中にはいた。

だが、野村監督も私たちの話をすぐに理解してくれたのか、

「もちろんだ。いろいろ心配してくれてありがとう」

と笑顔で答えてくれた。私たちはこの問題が無事解決すれば、来シーズンは一致団結してやっていける――。そう考えていた矢先の出来事を今でも鮮明に覚えている。

選手会のゴルフコンペが橋本カントリークラブで開かれたのだが、そこにゴルフをたしなまない野村監督が、賞品を持って来るというではないか。不思議に思ったものの、珍しいことなので参加者みんなで驚いた。

しかもその日は、野村監督の背番号にちなんで19位を「監督賞」にしていたのだが、偶然にも私がそれに当たった。副賞を見ると真っ赤なドレスが置いてある。

表彰式で複雑な表情をしながら野村監督から持参したドレスを渡されたが、その時

「後で話がある。ちょっと残っておけ」

と私に耳打ちしてきた。何かと思い、セレモニーが終わって2人きりになると開口一番、

「旅に出て来いや」

と言うではないか。

「いったい何のことですか？」とキョトンとしていると、

「トレードや」

と言う。私が「トレード先はどこですか？」と聞くと、「阪神や」と野村監督が答える。

聞けばあの江夏豊とのトレード話が出ていて、その交換相手に私が選ばれたというのだ。

「あの江夏がトレード相手か」と不思議な気持ちになったが、その後の正式発表を見ると、南海からは私と長谷川勉、池内豊、島野育夫さん、阪神からは江夏と望月充と4対2の数が合わないトレードだという。てっきり江夏、江本の1対1トレードだと思っていた私は
「まあトレードというのはこんなもんか」と思ったものだ。

ともあれ、私が南海を放出されたのは「あの進言がきっかけかな」とも思ったが、今では知る由もない。

当時のトレードは、今のように戦力補強をするというよりも、「厄介払いする」という意味合いの方が強かった。私たちと交換相手だった江夏も当時の吉田義男監督から距離を置

かれ、扱いに困った末のトレードだったようだ。まあ、それはそれで否定する気もなく、トレードを受け入れたのだが、うがった見方をすれば、私と江夏は「厄介者同士の交換トレード」となったというわけだ。

「三悪人」の一人とされた門田が、野村監督に抱いた感情

野村監督は私と江夏豊、門田博光の3人を「三悪人」と呼んでいた。私たち3人が野村さんの監督時代に、最も手こずらせたからというのがその理由らしいが、私にしてみれば、「いやいや、もともと三悪人と呼ばれていたのは、あなたと杉浦（忠）さん、広瀬（叔功）さんの3人でしょう。それを私たちに置き換えて呼ぶのはふに落ちませんよ」と冗談めかして話をしたことがあるが、そんな呼ばれ方も、別に嫌いではなかった。現役時代はもちろんのこと、引退してからも野村監督のことを公の場では「カントク」と親しみを込めて呼んでいたし、それは野村監督が亡くなるまで変わらなかった。

江夏は野村監督のことを「おっさん」と呼んでいた。これも彼なりの親しみを込めた呼称だったように思える。

唯一の例外が、今は亡き門田博光だった。彼はある時テレビのインタビューで、野村監

督のことを聞かれた際、「カントク」でも「おっさん」でもなく、「19番」と呼んでいた。「19番はチャンスの場面にオレに打席が回ってくると、『わざと三振せえ。後はオレがなんとかする』って言っていた。ホンマにそれが悔しくて、悔しくて……」

こうした話をしていたあたり、門田は私や江夏とは違う関係性だったように思える。私と江夏はピッチャー、彼は野村監督と同じバッターだった。同じバットマンとして、二人の間でライバル心があったとしても不思議な話ではない。

門田の通算成績は2571試合に出場し、2566安打、567本塁打、1678打点を残し、2006年に野球殿堂入りした。その希代のバットマンをして、まだまだキャリアの浅い3番バッターだった当時には、野村監督に一目置かれつつも、私たち以上に手厳しい言葉を浴びせられていたのだ。

実際、試合で門田が打席に立って空振りしようものなら、

「そんなブンブン振り回さんでも、飛んでいくといつも言うとるやろ！」

とネクストサークルにいた野村監督は大声で門田を叱責していた。門田は相手バッテリーだけでなく、味方である監督とも対峙《たいじ》しなければならなかったというわけだ。

実際、試合前のバッティング練習では、門田と野村監督が何やら口論している姿も目にしたことがあった。

「オレは上背がないから、監督の理論で打っても飛ばんのです。三冠王の理論はオレには通用しないんです」

そんな話をしていたようだが、野村監督も一歩も引こうとしない。ある時には一触即発するような事態も招きかねなかっただけに、周りにいた関係者も内心ヒヤヒヤしながら見守っている、なんてこともあった。

ただ、時間がたってから私は考えることがある。それは、ヤクルトの監督に就任して以降、阪神、楽天でも野村監督が選手のバッティングの指導を行わなかったのは、この時の門田を指導した際の、一連のやりとりを通じて、「オレには選手は教えられない」と悟ったのではないか、と。

野村監督は日本の野球史に残る強打者だ。そのことは間違いない。だが、その理論は門田クラスの強打者であっても通用しない。「自分のバッティングスタイルが必ずしも万人に当てはまるわけではない」ということを、門田の指導を通じて知り得たとするならば、野村監督がその後出会ったさまざまなバッターに手取り足取り直接指導しなかったことも、ふに落ちるのである。

「ノムさんは名将ではない」と言われるが？

監督兼任だった野村選手は77年に南海の監督を解任された後、ロッテで1年、西武で2年現役生活を送って80年限りで引退。その後は野球評論家として9年間過ごし、89年秋にヤクルトの監督に就任した。そのヤクルトでは9年間指揮を執り、99年から3年間は阪神、社会人のシダックスの監督を経て、2006年から4年間、楽天の監督を務めた。

ここからは「監督と選手」という間柄は終わり、お互いが引退後に「解説者同士になった」という関係から、あえて親しみを込め、「ノムさん」と呼びながら話を進めていきたい。

ノムさんの監督としての通算成績は、24年間で1565勝1563敗76分と、勝ち越しが2つだけとなっている。また、ノムさんが采配したチームの順位を見ると、1位5回、2位4回、3位3回、4位5回、5位3回、6位4回となっている。つまり、24年間の監督生活の中で、AクラスとBクラスがちょうど半分ずつである。

一連の成績だけを見ると、ノムさんは世間が言うほどの「名将とは数字の上では呼べない」と、私には思えてしまう。こう言うと、必ず2つの反論が出る。一つは「弱いチームで監督をやっていたんだから仕方がない」、もう一つは「ヤクルト時代は勝っていたじゃないか」という意見だ。

そこで私は、この2つの声についてお答えしていきたい。

ノムさんは南海、ヤクルトでは手腕を発揮した。とくに南海では私も4年間、同じチームにいてノムさんの野球脳の素晴らしさを間近で感じた。圧倒的な戦力で、当時のパ・リーグで黄金時代を築いていた阪急に対して、あの手この手で策を練っては、どうにかして上回ろうという執念があった。

その後のヤクルトでは4度のリーグ優勝、3度の日本一を果たす。一方、続く阪神、楽天での7年間は、4年連続で最下位、4位、5位、2位という順位に終わった。巷で言われる「監督として弱いチームを強くした」との評判からは程遠い。むしろ、「弱いチームは弱いチームのまま」終わっているのだ。

例えば森祇晶監督は、西武ライオンズ黄金時代の9年間で1位が8回、3位が1回（横浜での2年間では3位、6位が1回ずつ）を記録しているし、巨人の原辰徳監督は通算17年の監督生活で1位9回、2位1回、3位4回、4位3回と実に素晴らしい成績を残している。もちろん同一条件ではないので単純に比べることはできないのだが、ID野球に代表される卓越した野球哲学など、野球界に遺した多大なる功績は別として、どうしても成績上は名将と呼べないのだ。

ヤクルト時代に最も勝っていたのは、あの球団だった

また、「ヤクルト時代は勝っていたじゃないか」という見方については、こう考えている。たしかにヤクルトは勝てるチームになった。ノムさんが監督に就任した1年目の90年は5位だったものの、翌年は3位、3年目の92年には14年ぶりのセ・リーグ制覇に導き、まさに「1年目は畑を耕し、2年目は種をまき、3年目は結実させる」となった。

その後、93年もリーグ連覇、15年ぶりの日本一を達成し、翌年94年4位、95年1位、翌年96年4位、97年1位、翌年98年4位と、1位と4位とを交互に繰り返した。こうツラツラ書いていくと、優勝もしているし、及第点以上の評価を与えられるんじゃないかと、多くの人は考えるだろう。

だが、私はこの期間の「ある数字」に注目してみた。野村監督が「ヤクルトを14年ぶりのセ・リーグ制覇に導いた92年から最終年となる98年までの7年間、ヤクルトは他の5球団に対して、どんな成績を残したのか」である。

ヤクルトがこの間に、もっともカモにしていたチームはどこなのか。反対に苦手にしていたチームはどこなのか、セ・リーグの対戦チームとの総勝敗数をひもときながら、それ

らを分析していくと、驚くような結果となった。

【1992年から98年までのセ・リーグ各チームの総勝敗数】

1位　ヤクルト　503勝417敗
2位　巨人　486勝434敗
3位　中日　458勝462敗
4位　広島　456勝464敗
5位　横浜　451勝469敗
6位　阪神　406勝514敗

【1992年から98年までのヤクルトの対戦チーム別の勝敗数】

対巨人　90勝94敗
対中日　89勝95敗
対広島　100勝84敗
対横浜　100勝84敗
対阪神　124勝60敗

総勝利数ではヤクルトが巨人を17勝も引き離し、トップの数字を誇っている一方、ヤクルトは巨人、中日には対戦成績上では負け越している。つまり、ノムさんの野球は、この2チームに通用したとは言えない。

それではどこのチームに大きく勝ち越していたのか。それが阪神なのだ。ヤクルトは阪神に対して124勝60敗と、貯金を実に64も作っている。95年は20勝6敗、96年は19勝7敗、97年は20勝7敗と圧倒しているのだ。

そこで阪神の勝敗数に注目してみる。

【1992年から98年までの阪神の対戦チーム別の勝敗数】

対巨人	73勝111敗
対中日	88勝96敗
対広島	83勝101敗
対横浜	102勝82敗
対ヤクルト	60勝124敗

横浜以外の球団に負け越してはいるものの、対ヤクルトの負け越しが非常に大きいことが分かる。つまり、野村さんがヤクルト時代に標榜した「ＩＤ野球」というのは、阪神の存在なくして成立しなかったというわけだ。

なぜ阪神はここまでヤクルトにしてやられたのか。それはノムさんの野球を分析できるスコアラーが阪神にはいなかった点に尽きる。

もし優秀なスコアラーが阪神にいれば、ヤクルトにここまで負け越さなかっただろうし、仮に阪神がヤクルトに今よりも10勝から20勝くらい勝っていたとしたら、シーズンの成績も大きく変わっていた可能性が高い。

「阪神のフロントがアホだった」から、ノムさんを阪神の監督に招いた

そうなると一つ、純粋な疑問が湧いてくる。

「なぜ、阪神はカモにされていたはずのノムさんを、阪神の監督に就任させたのか」

ということだ。その答えは、

「阪神のフロントは、世間の人気を優先して、何一つとして敗因を分析しなかったから」

この一言しかない。

先に示した「92年から98年までの阪神の対戦チーム別の勝敗数」のように、ヤクルトに圧倒的に負けていることが分かれば「なぜこれほどまでに、大きく負け越しているのか」を分析するはずだ。その結果、「今のチームを勝たせる可能性が高い監督」として、阪神のフロントが判断して要請するというのなら、話は理解できる。

ところが、「一方的にカモにされていた」はずのヤクルトの監督のノムさんを、阪神の新監督に招いてしまった。どう考えても、これではチームが強化される可能性は低い。なぜならヤクルトは広島、横浜には勝ち越していたものの、巨人だけでなく、中日にも負け越している。当時のヤクルトと阪神の選手の力量をてんびんにかければ、どちらが優秀だったかは自明だ。

その結果、99年からの3年間の阪神の対戦成績は以下に示す結果になった。(比較の参考にするためにも、ノムさんが阪神の監督に就任する前年の98年から入れていく)

【98年から01年までの、阪神が対戦した5チームの勝敗数】

対巨人	98年	10勝17敗	↓99年	10勝17敗/00年	9勝18敗/01年	13勝15敗
対中日	98年	10勝17敗	↓99年	8勝19敗/00年	11勝16敗/01年	15勝13敗
対広島	98年	14勝13敗	↓99年	16勝11敗/00年	15勝12敗/01年	7勝20敗1分

対横浜	98年	8勝19敗→99年 8勝19敗／00年 11勝16敗／01年 13勝14敗1分
対ヤクルト	98年	10勝17敗→99年 13勝14敗／00年 11勝16敗／01年 9勝18敗1分

唯一勝ち越していた広島とも、01年は惨敗だった。私が調べたところ、8月15日以降の試合では、引き分け1つを挟んで8連敗して、そのままシーズンを終えた。試合の序盤から主導権を握られては逃げ切りを図られる、あるいは先制しても中盤に逆転されて押し切られる……。広島とはそんな試合ばかりだった。

阪神が広島に一方的に負けた要因ははっきりしている。

「クリーンナップが固定できなかったこと」。これに尽きる。

広島との第1戦目は「3番・今岡誠、4番・イバン・クルーズ、5番・エドゥアルド・ペレス」だったのが、シーズンの中盤以降になると、「3番・濱中治、4番・桧山進次郎、5番・広澤克実」と、まったく違う選手を並べた。けれども、あの手この手を使っても打開策が見いだせないまま、シーズンの終わりを迎えた。

これではいったい何のために、ノムさんを招へいしたのか、まったく意味が分からない。少し考えれば、「次期監督はノムさんではない」はずなのに、なぜかノムさんを監督に据えてしまう。あまりのお粗末ぶりに、

「何も考えずに獲得した、阪神のフロントがアホだった」

と言わざるを得ない。

「あの人はだますのが仕事」と言い切った久万オーナーのノムさん評

もう一つ、阪神からしたら「えっ、ノムさんそれはないでしょう」という話がある。それは「エースと4番を獲得してほしい」とオーナーに直談判したことである。

99年のペナントレースが始まると、優勝争いはおろか、Aクラス争いにすら絡むことなく、55勝80敗、勝率4割7厘で最下位。翌2000年も開幕直後から低迷が続いた。そこでこの年のオールスターの休み期間中を利用して、ノムさんは久万俊二郎オーナーと話し合いの場を持った。

「エースと4番バッターを獲得してほしいんです」

ノムさんはそう要望したそうだが、久万オーナーからしてみれば、

「それはないでしょう。今さら何を言っているんですか」

と驚かれたに違いない。

なぜなら阪神は、野村さんの代名詞である「野村再生工場」という言葉を信じ、監督に

招へいしていたからだ。

つまり、「チームで活躍していない、あるいは他球団をお払い箱になった、年俸の安い選手を活躍させることにたけた監督」だと思っていた。それにもかかわらず、野村さんが「お金のかかる大物選手を獲得してほしい」と要望を出すのは阪神側からすれば、「話が違う」ということになる。

久万オーナーはノムさんが阪神の監督として結果を残せず、またサッチーの金銭問題もあって２００１年12月に退任した後、マスコミの前で実際にこんなことを言っていた。

「あの人は、人をだますのが仕事なんだ」

野村再生工場という触れ込みはいったい何だったのか……当時の久万オーナーの偽らざる本音から出た言葉だったに違いない。

ノムさん本はなぜ売れたのか

ノムさんが楽天の監督を退任した２００９年からお亡くなりになる20年までの10年以上、私の周辺の出版関係者が良く、「野村さんの本は売れるんです」と感心するように話していた。ノムさんが求められるのは、野球にとどまらず、ビジネスの分野に置き換えて、バイブルとして重宝している読者が多くいるからだ、と言う。

そこで私は生前、ノムさんにこのことを聞いてみた。するとこんな答えが返ってきた。

「実はさっぱり分からないんだよ。どうしてオレの本が売れるのか、逆にこっちが聞きたいくらいだ」

と不思議そうに語っていた。

私もつながりのある出版社の編集者に何冊かノムさんの本を頂いたことがあったが、書かれていることはだいたいこんなところだ。

貧乏だった少年時代、テスト生として入団し、そこからはい上がった南海時代の話。上司であった鶴岡一人監督との確執。選手兼任監督としてチームをまとめ上げていったこと、ヤクルト、阪神、楽天の監督時代に加えて、社会人のシダックス時代のエピソード。

さらに私と江夏豊、門田博光を「三悪人」と一緒くたにして、指導するのに苦労した話。「彼らを指導して一流の選手に仕立てることができたのだから、後の選手たちは難しいことがなかった」――。という主旨のことがツラツラと書かれているのだ。

いずれにしても、楽天の監督退任後は、「ノムさんがしゃべったことを本にすれば売れる」ことに気付いた編集者が次から次へとオファーして、「ノムさんの思考はビジネスの世界でも通用する」と、読者を錯覚させることに成功した。そうしてカリスマ的なポジションを得たことで、亡くなる直前までメディアの露出が絶えなかったのは、出版社側のプロデュース戦略がうまくハマったと見るべきだろう。

ある時「今は何の本を作っているんですか？」と聞くと、

「まあなんか作っとるわ」

とだけ答えてくれた。その数カ月後に『野村克也、明智光秀を語る』（プレジデント社）という本が出版され、「こんなことまで書いているの!?」と目を丸くしたものだ。しかもこの本が、現在は東京ドームにある野球殿堂博物館の図書室に蔵書として保管されているというのだから、二度びっくりである。

もっとも、当のノムさんからしたら、出版関係者には内心、感謝しきりだったに違いない。俗にいう〝世渡り〟が自然にうまくはまったのも、ノムさんの、人がマネしようとしてもできない優れた才能でもある。

昔のことをあだこうだと、たわいもない話を2時間程度して、何カ月後かには本になって印税が入ってくる。人と会って話すことで認知症予防にもなっただろうし、お金も稼げるわと、まさに一挙両得だったのではないだろうか。

晩年のノムさんと最後に交わした会話

ここからは晩年のノムさんとの交流について触れておきたい。

私がノムさんと最後に会ったのは、2019年11月。私との共著本『超一流 プロ野球大論』（徳間書店）のカバー写真の撮影と取材で、都内のホテルでご一緒させていただいた時だった。

「こいつは三悪人の一人でな……」

といつもの調子で話がスタートしたのだが、

「江本と江夏、門田の3人が同じチームにいたから苦労したわ」

と話していたことで、私は正直、「おいおい、大丈夫かいな?」と不安に思った。なぜなら、私と江夏、門田の3人が同じ時期にチームに在籍していたことはなかったからだ。

「監督、私と江夏は交換トレードで阪神と南海に入れ替わりましたから、3人が一緒の時はなかったんですよ」

と話すと、「おお、そうだったかな」と返してくれたのだが、このときは「まあとぼけているのかな」程度にしか思わなかった。そうして取材を終えると、私は一言、

「ほんじゃまた、あらためて」

とノムさんに軽くあいさつして、その場を後にした。まさかそれがノムさんとの生前最後の会話になるなんて、この時は想像もしなかった。

最後にノムさんの姿を見たのが、翌20年1月21日に東京の帝国ホテルで執り行われた金田正一さんのお別れ会だった。金田さんは前年10月6日に亡くなられ、この日は名だたる野球人が数多く集結したのだが、その中の一人にノムさんがいた。

この時は車いすで来場されていたのだが、弱々しい感じがして心配していたものの、会話をするタイミングもなく、会が終わるとそのまま三々五々散っていった。

それから3週間後の2月11日――。突如としてノムさんの訃報が飛び込んできた。

この時私は、春季キャンプの取材で、沖縄の北谷《ちゃたん》にいたのだが、突然、あの江夏から早朝に電話が入り「おっさんが亡くなったよ」と聞かされたのだ。

私は急きょ予定を切り上げて、東京に帰った。

都内の野村邸に到着し、ノムさんと対面した。死に顔を見ていると、なんとも言えないほど穏やかな表情をしていた。

「ひょっとしたら生前はずっと、〝野球人・野村克也〟を演じていたのかもしれないな」

そんな風に様々に思いを巡らせていると、なんだか切ない気持ちになってきたのと同時に、悲しみが込み上げてきた。

息子の克則君がそっと布団をめくると、そこにはヤクルトのユニホームを着た野村さんの姿があった。私はガクッとうなだれた。このとき私の姿を見た周囲の人間は、「悲しみが込み上げてきたに違いない」と思ったはずだ。実は急に疲れがドッと出てきたのだ。

「いやいや、あなたが着るべきユニホームは、ヤクルトスワローズではなくて、南海ホークスのはずでしょうが……でもやっぱりな」

と思っていた。

たしかに監督としては、ヤクルトでいい思いをした。9年間でリーグ優勝4回、日本一3回。誇らしく思えてもおかしな話ではないし、実際にノムさん自身からも生前は何度も聞かされていた。

だが、ノムさんの野球人生の半分以上となる24年間は南海で過ごしたのだし、テスト生からはい上がったサクセスストーリーは、南海で築き上げたもので、数多くの実績も南海で積み上げてきたのだ。それを嫌というほど知っているからこそ、私は南海のユニホームではなく、ヤクルトのユニホームを着ていたノムさんに軽い違和感を覚えたというわけだ。

「ノムさんの野球人としての功績は南海ホークスあってこそや」

ヤクルトのユニホーム姿を身にまとった姿を見て、私はその思いをよりいっそう強くし、いつか、何かの機会があれば、「南海＝野村克也」の雄姿を多くの人にお見せしたい。そう考えていた。

ノムさんを難波に帰ってこさせたワケ

2020年11月4日、私は大阪の「なんばパークス」内で、「おかえり！　ノムさん　大阪球場（なんばパークス）に。」の記者会見に臨んでいた。

かつて南海のホームだった大阪球場の跡地に建てられた「なんばパークス」の9階にある「南海ホークスメモリアルギャラリー」には、ノムさんに関する展示が一つもなかった。

そこに、ノムさんが使用していた思い出のバットやタイトルを獲得した際のトロフィーなどを展示し「ノムさんの南海での歴史や功績を紹介しよう」というのが、このプロジェクトの目的だった。ノムさんの死に顔を前に決意した「いつか、何かの機会」が、このタイミングでやって来たとも言える。

ギャラリーを改修する費用は、ノムさんも専属評論家を務めていたサンケイスポーツ社が主導してクラウドファンディングを募り、目標金額は2000万円に設定すると、2カ月間で2388人に協力していただき、目標金額を倍よりもはるかに超えた4354万1

500円の支援金が集まった。私は支援していただいた人たちに感謝しきりだった。

それまでのメモリアルギャラリーには、プロ野球歴代最多勝利監督の鶴岡一人さんを筆頭に、皆川睦雄さん、広瀬さん、杉浦さん、門田、江夏ら、南海で活躍した選手たちの功績を讃えた展示物が飾られていた。

その一方で野村監督についての展示物も、その名前も先に説明した通り一切なかった。2003年10月になんばパークスが誕生したのと同時に、メモリアルギャラリーも施設内に併設されたのだが、このとき南海電鉄から打診された「ノムさんゆかりの品々を展示したい」という依頼を、野村家側、とりわけサッチーがかたくなに拒否していたからだ。

ギャラリーには私の現役時代のことについても明記されているのだが、わずか4年しかいなかった私と、24年間在籍したノムさんとでは、功績の大きさがあまりにも違い過ぎる。そもそも南海ホークスの歴史において、ノムさんは鶴岡さんたちにも負けないほどの、さんぜんと輝く数々の偉業を成し遂げているのだ。それだけにノムさんの展示物が一切ないことは、私にとっては違和感でしかなかった。

このプロジェクトを推し進めようとした際、克則君に電話で相談すると、

「ぜひ、オヤジの野球道具を展示してください」

と大賛成してくれた。聞けば以前、克則夫人と娘がメモリアルギャラリーを訪れた際に、

「おじいちゃんはこのチームに長くいて活躍してたんでしょう？　それなのにどうしておじいちゃんの展示物が一つもないの？」

とショックを受けていたそうだ。それもあって「ご家族にこんな切ない思いをさせ続けておくのはイカン」と、私はサンケイスポーツの当時の代表に頼んで、一大プロジェクトを立ち上げてもらったのだ。

翌年2月14日、私は再びなんばパークスにいた。館内を見渡すと、リニューアル工事が終わり、笑顔の野村監督や御堂筋パレードをする野村監督、江夏と喜び合う野村監督と、懐かしい写真と共に、三冠王を獲得した時の記念盾や、現役時代に使用していたキャッチャーミットやノックバット、アンダーウエアなどの野球道具がところ狭しと並んでいた。

「そうそう、これでええんや」

44年ぶりに故郷に帰ってきたノムさんに、私は安堵《あんど》していた。メモリアルギャラリーの背番号19の展示物を喜びながら見学する多くの人の姿が、今でも私の脳裏に深く刻まれている。

ノムさんの弔辞を読み終えたとき、本当にお別れだと悟った

21年12月11日、神宮球場で野村監督をしのぶ会が午前11時から執り行われた。この日は快晴で、数日前まで吹いていた風もやんで、12月とは思えない、あたたかく穏やかな陽気だった。本来であれば、前年にこの会が行われる予定だったが、ノムさんが亡くなった直後から世界中で新型コロナウイルスがまん延したことで、1年以上延期されての会だったというわけだ。

この年、ヤクルトは6年ぶりのリーグ優勝に加え、20年ぶりの日本一に輝いた。かつて「弱小チーム」「セ・リーグのお荷物」などと言われたヤクルトを手塩にかけて育てたノムさんにとっても、心から喜ぶべき出来事であったに違いない。

私は居並ぶ球界の大先輩や同僚や後輩の中で、克則君たっての願いで弔辞を読むことになっていた。ただし、弔辞という重々しいものを読むというのではなく、スピーチを行うような感覚でノムさんに語り掛けようと決めていた。

以下はその内容である。

弔辞

野村さん。あなたが逝ってしまってから、もう2年近くがたちました。亡くなった次の日、お宅にお邪魔して、お別れをした日を忘れられません。本当に安らかなお顔をしていましたね。グラウンドで見たことのないようなお顔でした。

あなたに初めて会ってから、来年で50年になります。長いお付き合いでしたが、思い返してみれば、私があなたに褒められたのは、たったの一度しかありません。

昭和47年。あなたは自主トレ中の南海ホークスの中百舌鳥球場に、でっかいリンカーンで乗り付けてきましたね。あれには驚きました。

私はその1年前に、ドラフト外で東映に入団し、その年の暮れに南海にトレードされてきたばかりでした。キャッチャー兼監督だったあなたは、0勝4敗の初対面の私に、「俺が受ければ10は勝てる。先にエースナンバーを付けとけ」。

と16番をくれました。

その年の開幕戦のダブルヘッダーで、私は阪急の山田久志と投げ合いました。延長13回まで投げて、私の押し出しデッドボールで0対1で負けてしまいました。

帰りのバスであなたはチームメートに「お前ら今日は江本に借りができたな。次は返してやれよ！」と声を張り上げてくれました。

忘れもしません。私は高校で甲子園の土を踏むことができず、大学でも社会人でも、不完全燃焼でドラフト外でプロに入りました。その2年目の春にあなたから「借りができた」といってもらえた。それでやっと野球選手になれたな、プロでやれるかもしれないなと自信が芽生えました。

ただ、あなたに褒められたのは後にも先にも、あの1回きりです。そのあと、どれだけ勝っても、プレーオフや日本シリーズで勝ち投手になっても、引退して解説者、評論家になってからも、一度も褒められた記憶はありません。あげく、三悪人とか言われていました。

福本豊の盗塁を刺すにしても、そうです。あなたが発明したという、クイックモーション。実際は福本の足が速すぎて、キャッチャー・野村の肩ではどうしても間に合わなかった。だから監督・野村がわれわれピッチャーに命じたんですよね。

「もっとちっちゃいフォームで速く投げろ」と。

南海の投手陣はアメリカから来たコーチを呼んで、必死に練習しました。その結果、キャッチャーの肩をフォローしました。

ここ神宮球場では、何度か大げんかもしました。あなたは阪神の監督で、解説者の私が投手起用を恐る恐る批判した時でした。あなたは次の日、神宮球場の三塁ベンチで、私が来るのを待ち構えていましたね。阪神のピッチャー陣の名前を書いた紙を突き出して、「どこに使えるピッチャーがおるんや！　言ってみい！」

と開口一番、えらい剣幕でしたよ。

結局、シートノックが始まるまでベンチで言い争いをしていましたね。まあ最下位続きの阪神で、選手のやりくりに苦労していたのかもしれませんが、この神宮でヤクルトに負けたくなかったのでしょうね。

でも野村さん。あなたには神宮球場も似合うけれど、私の目に焼き付いているのは、大阪球場の、南海ホークスの野村克也です。３０１７試合、６５７本塁打、南海で名選手になっていなかったら、その後の輝かしいキャリアはなかったと思います。

私もあなたに背番号16をもらい、育ててもらって、胴上げ投手の経験もさせてもらいました。あなたとの出会いがあったから、今私はここに立っています。

大阪のなんばパークスに、南海ホークスのメモリアルギャラリーがあります。南海をやめた時の、もろもろいきさつがあって、今まであなたの写真は一枚も飾られていませんでした。ファンのみなさんの寄付で今年になってようやく、写真や功績が展示されるようになりました。

鶴岡さん、杉浦さん、皆川さん、ブレイザー。空の上で南海の先輩や仲間と仲良くやっていますか？　その横にサッチーがいるのでしょう。悪口の言い合いをしているかもしれませんね。そのうち、私もまた入れてください。

野村さん、空の上で私の声を聞いてくれていますか？　強かった南海の4番バッターで、正捕手で優勝監督。そんな大先輩の弔辞を私が任されるなんて、本当におこがましいです。今日の弔辞はいかがでしたか？　やはり褒めてもらえないかもしれませんね。弔辞を読んだことを、いつか空の上の三塁ベンチで一緒に話ができたらいいです。その時はぼやきもなし、けんかもなしで、2度目のお褒めのお言葉をくださいよ。

野村さん、本当に今までありがとうございました。

令和3年12月11日

江本　孟紀

私は弔辞を読み終えると、「これで本当にノムさんとお別れなんだな」と実感し始めた。「ボヤキの野村」と言われ、近くにいれば誰もがノムさんから発せられる言葉に耳を傾けていた。そのほとんどは辛辣《しんらつ》な言葉だったが、これとて本来であれば発したくて発していた言葉ではないのかもしれない。そう考えると「これで本当に休めるんだな」とねぎらう気持ちでいっぱいだった。

ノムさんに最後に伝えたい言葉

ノムさんの墓地は東京都内の野村家の菩提寺にある。野球のボールを形どった丸い石が特徴で、一目で「野球人・野村克也」のものだとわかる。またノムさんの墓地を訪れて、今の野球界の話でもして来ようと思っている。

私にとってのノムさんは、恩人であり、憎き人でもあったが、それをも全て許してしまえる不思議な人でもあった。そのことで振り回されたことも数知れないが、50年近くも人間関係が続いたことを考えれば、私の人生の中で必ず出会わなければならない人だった。

あらためてノムさん、ありがとうございました。あなたが「三悪人」と評した門田も一昨年（23年1月）に黄泉の国に旅立ちました。もうすでに合流して、今ごろは野球談議をしていることだとは思いますが、そちらでは門田に自由に野球をやらせてあげてください。

私は今年で78歳になりますが、あなたが生きた85歳を目標にして、並んで、さらに追い抜き、野球界をより良い環境にするために、あなたの分までボヤキ倒したいと思います。

最後に一言。

ほんじゃまた、あらためて——。

第6章　長嶋茂雄さんは永遠のヒーロー

長嶋さんに憧れた野球仲間たち

私が小学生の頃、野球で憧れの人と言えば、誰がなんと言おうと長嶋茂雄さんだった。高知の田舎で育った当時の私にとって野球の情報源と言えば、月に1回、書店で発売される『月刊ベースボール』だった。野球好きだった親父がよく買ってきてくれたので、私もむさぼるように読みふけっていた思い出がある。

毎号必ずと言っていいほど長嶋さん、本屋敷錦吾さん、杉浦忠さんのいわゆる「立教三羽がらす」が誌面をデンと飾っている。自然と立教ファン、長嶋ファンになるのも無理はなかった。

「4番・サード・長嶋茂雄」に憧れて、サードを守りたがる野球仲間は多かった。毎日放課後になると、一目散に教室を飛び出し、仲間たちがグラウンドに飛び出していく。「一番にサードのポジションに就いた者が、サードを守れる」という、独特のルールを掲げ、うまいヘタに関わらずサードのポジション争いが勃発していたあの頃。

だが、中学校、高校と年齢が上がるにつれ、あれほどサードを守りたがっていた仲間が次々と野球から離れていった。私が考えるに、レベルが上がるにつれて「オレは長嶋茂雄になれない」ということに気が付いてしまったのだと思う。

かくいう私は一度もサードを守らなかった。「守ろうとしなかった」が正解かもしれない。なぜなら私にとってサードというポジションは〝聖域〟だったからだ。

そんな中、高校で実績を残した私にとって、うれしい出来事があった。長嶋さんのいた立教大学から推薦入学のお誘いを受けたのだ。私は素直に喜び、3年生の夏休みの期間を利用して、立教のセレクションを受け合格した。

だが、その後の12月はじめ、立教大学から推薦入学がキャンセルになったという連絡が入った。慌てた私は、先輩から法政大学野球部が淡路島でセレクションを開催することを知り、ワラをもすがる思いでテストを受け、そして見事合格したのだ。当時は薄氷を踏む思いだったが、あれを運命の分かれ道とでも言うのだろう。

73年の日本シリーズでは長嶋さんと対戦できなかった

そんな私が、野球仲間の中でも長く野球を続け、あげくプロの世界に入ることができた。その上、長嶋さんと対戦する機会にも恵まれたのだから、人生は何が起こるか分からない。

私が現役時代に長嶋さんと対戦したのは、記憶に間違いがなければ一度だけだ。

当時のプロ野球は、今のように交流戦がないので、練習試合であるオープン戦は別にして、南海のいたパ・リーグはシーズン中に巨人と真剣勝負する機会がない。あるとすればセとパが対戦する日本シリーズかオールスターの舞台だけだった。

対戦が実現しかけたのが1973年だった。当時のパ・リーグは前期・後期に分かれての2リーグ制で、前期と後期の優勝チームがそれぞれ違えば5試合制のプレーオフで勝敗を決めるルールになっていた。

この年の南海は前期優勝を果たし、後期優勝を果たした阪急との最終戦までもつれこんだプレーオフも3勝2敗で制し、見事に日本シリーズ進出。セ・リーグの覇者だった巨人と対戦することになった。

「これで長嶋さんがいる巨人と対戦できるぞ！」

その喜びもつかの間、長嶋さんは10月の阪神戦で右手薬指を骨折し、日本シリーズに出場できる状態ではなかった。長嶋さんと対戦できずに残念な思いを抱きながらも、私は南海のエースとして第1戦に先発することになった。

試合は劣勢だった。2回に四球から土井正三さんに先制の本塁打を打たれた後、8回にも森祇晶（当時は昌彦）さんにソロ本塁打を打たれて3対1で2点のビハインドとなった。

けれども、その裏に先発の高橋一三さんに対して、3つの四球に2本の安打を重ねて3

点を奪って逆転し、121球を投げて4対3で逃げ切り、南海にとってこのシリーズ唯一となる完投勝利を収めたが、その後チームは巨人に対して4連敗を喫し、巨人の前人未到のV9達成の瞬間を眼前で見ることになってしまった。

私の誕生日に長嶋さんとの対戦が実現した

そして翌74年、ついに長嶋さんと対戦する機会に恵まれた。7月22日に西宮球場で開催されたオールスター第2戦だった。

私がこの日付を今でもよく覚えているのにはワケがある。私の27回目の誕生日だったからだ。

この年は前半戦までで9勝7敗、防御率2・88という成績を挙げ、監督推薦で選ばれた。73年にも選ばれていたが故障でやむなく出場辞退したため、なおさら意気込んでいた。しかも第2戦で私は栄えあるパ・リーグの先発ピッチャーとしてマウンドに立ったのだ。

この試合の両チームのスターティングメンバーは、次の通りである。

先攻　セ・リーグ

1番ショート　藤田平（阪神）
2番レフト　若松勉（ヤクルト）
3番キャッチャー　田淵幸一（阪神）
4番ファースト　王貞治（巨人）
5番サード　長嶋茂雄（巨人）
6番ライト　山本浩二（広島）
7番センター　柴田勲（巨人）
8番セカンド　三村敏之（広島）
9番ピッチャー　江夏豊（阪神）

後攻　パ・リーグ

1番センター　福本豊（阪急）
2番セカンド　桜井輝秀（南海）
3番ファースト　加藤秀司（阪急）
4番ライト　長池徳二（阪急）

5番レフト　土井正博（近鉄）
6番ショート　有藤通世（ロッテ）
7番サード　羽田耕一（近鉄）
8番キャッチャー　中沢伸二（阪急）
9番ピッチャー　江本孟紀（南海）

江夏と投げ合い、王さん、長嶋さんと対戦する――。それに加えて、大学時代の1学年先輩だった田淵さんや山本さんとも勝負ができる。「これが夢の舞台なんだな」と、試合前は緊張しながらも、ワクワクした気持ちもあった。

だが、一番に対戦したかったのは、誰が何と言おうと長嶋さんだった。私のボールがどれだけ通用するのか、小細工なしの真っ向勝負で挑んだ。

2回表。先頭バッターの王さんをキャッチャーフライに打ち取った直後、その時が来た。

「5番サード、長嶋、背番号3、読売ジャイアンツ」

場内に長嶋さんの名前がコールされると、スタンドから一斉に歓声や拍手が沸き起こる。小学生の頃から憧れだった、あの長嶋さんとオールスターの舞台で対戦できる――。私は胸の高ぶる気持ちを必死に抑えながら、

「フォアボールはダメ。打たれてもいい。とにかくど真ん中に思い切り投げよう」と無我夢中で腕を振った。

結果は――。サードゴロとなり、羽田がさばいてファーストに送球した。

本音を言えば結果なんてどうでも良かった。ただ、「夢の舞台で長嶋さんと真剣勝負ができたこと」。それだけで十分に満足していた。

結局、この試合は3回を投げて打者11人に対して被安打2、奪三振1で無失点に抑えたのだが、それ以上に「憧れの長嶋さんと対戦できた」喜びの方が格別だった。

同時にこの年長嶋さんと対戦できたことは本当に光栄だったと思っていた。なぜならこの年限りで現役を引退されたからだ。

長嶋さんはこの試合の4回表に、ノーアウト一、二塁という場面で打席が回り、近鉄の神部年男さんからレフトへ本塁打を放った。プロに入って初めて生で見る長嶋さんの放物線を描く当たりを、私は一塁側のベンチからあっけにとられながら見ていたのを、まるで昨日のことのように思い出す。

ルーキーイヤーから16年連続してファン投票のオールスターで選出された長嶋さん。このような人は、今後のプロ野球界ではおそらく二度と出て来ないだろう。

長嶋さんの引退された最後の年にオールスターで対戦できたこと、レフトに放った本塁打、さらに私の27回目の誕生日にこのような形で対戦ができたこと自体、生涯忘れることのない、最高のバースデープレゼントとなった。

長嶋さんからお褒めの言葉を頂いた

１９７５年のオフに、それまで在籍していた南海からノムさんに「旅に出ろや」と言われて阪神に移籍することになったが、私はノムさんを恨んだりしていなかった。なぜなら「あの長嶋さんが監督として指揮する巨人と対戦できる」と胸躍らせていたからだ。

当時からすでに「人気のセ、実力のパ」と言われていたが、阪神のホームである甲子園球場、巨人のホームである後楽園球場のマウンドで投げられるなんて、幸運としか言いようがない。白黒テレビを見ていた小学生から中学生の頃、

「あんな所で投げられるなんてスゲえな」

と羨望のまなざしで見ていた江本少年が、大人になってプロ野球選手となって登場する。しかも巨人を相手に挑むことができるなんて、あの頃の野球仲間に「どうだ、スゲえだろ」と自慢したいところではあったが、いざマウンドに上がると、ひたすら緊張から来る気持ちの高ぶりを抑えるのに必死だった。

結果的に私は阪神にいた6年間で巨人との対戦成績は15勝14敗だった。「巨人キラー」と言わずとも、巨人を苦しめたと言える成績は残せたと思う。

ある年のシーズンオフ。表彰式の場で、当時の長嶋監督とお会いする機会があった。そのとき言われたのが、

「元気⁉」

と、わずかこの一言だけだったが、不思議なくらい緊張してしまったことをよく覚えている。なんと言っても長嶋さんは私にとって「野球の神様」と呼べるような人だから、多少の緊張は致し方ない。

それに長嶋さんに対する憧れは、私たちの同世代は皆が持っていた。若松勉、平松政次、大矢明彦……。長嶋さんに憧れ、野球を始めてプロを目指し、同じ舞台で戦えることに喜びを感じていた男たちの名前を挙げればキリがない。

それでも堀内は長嶋さんが好き

皆が憧れる長嶋さんには、その天真爛漫さから来る、ちょっと不思議な逸話も多い。その一例を証言してくれたのは堀内恒夫だ。2024年1月15日に新宿紀伊国屋サザンシア

ターで開催された私のトークライブ〝ああ言えば交遊録〟で、こんな話をしてくれた。

堀内は私と同じ学年（堀内は1948年1月16日生まれ）ではあるが、私より5年早い1965年にドラフト1位で巨人に入団し、引退するまでの18年間を巨人一筋で通し、通算203勝を挙げている。

その堀内が入団2年目のとき、先発のマウンドに立っていると、長嶋さんがマウンドに寄って来てこうささやいたという。

「おいホリ（堀内の愛称）。サードのけん制のことだけどな。オレが普段グラブに指を入れているのは知っているだろう。だから人さし指をグラブから出したらサードへのけん制のサインにしよう。これなら分かりやすいだろう」

実際、その試合でワンアウト三塁のピンチを迎えると、長嶋さんがサードの守備位置から堀内に声を掛けた。

「おい、ホリ！」

堀内が長嶋さんに目を向けると、グラブから人さし指が出ているのに気が付いた。そこで堀内がタイミングを見計らってサードへけん制球を放った……。だが、サードベースが空いたままになっている。ボールは無情にも転々とフェンスまで転がった。

すると三塁ランナーが、「えっ⁉」と驚いた表情をしながらホームインし、長嶋さんは長

嶋さんで、

「この場面で、なんでけん制球なんか投げるんだ？」

不思議そうな表情をしながらサードの定位置にいた。

チェンジになってベンチに戻ると、長嶋さんが堀内の元に駆け寄った。

「ホリ、頑張れと声を掛けただけなのに、あの場面でけん制球を放るヤツがいるか」

「だってグラブから人さし指が出ていたじゃないですか」

堀内が不満そうな声を上げると、

「あれ、出てたか？」

それでおしまいだった。これ以降、堀内はサードベースに長嶋さんが入っているとき以外は、けん制球を放るまいと固く誓ったという。

そんな長嶋さんのことを堀内は、「大好きな先輩」と言ってはばからなかった。「10年間、一緒にジャイアンツでプレーできた」ことを誇りに思い、結婚式の仲人まで務めてもらったことや、長嶋さんの引退試合では人目もはばからず涙を流していたこと、75年から巨人の監督になった時には思うように活躍できなくて申し訳なかったことなど、どれも堀内にとってはいい思い出なのだと言う。

それらの話を聞いて、私は正直「うらやましいな」と軽い嫉妬心が芽生えたのと同時に、長嶋さんたちとV9を達成した投手陣の中心にいた堀内は「ただ者じゃないな」と感心したのだった。

ひょんなことから参院選出馬

長嶋さんが1980年に巨人の監督を退任されて以降、10年以上に及ぶ、いわゆる「充電期間」に入った。ちょうど同じ頃、私も野球解説の仕事やテレビ番組の司会など、色々と仕事が入り充実した日々を送っていた。

そんな中、92年に入ってからある関係者を通じて、プロレス界のヒーローであり、参議院議員でもあるスポーツ平和党のアントニオ猪木さんから、

「ウチの党から出馬してみないか」

というお誘いを受けた。ちょうどこの年の7月に参議院選挙があって、その候補者探しをしていて、比例区の候補者として私にも白羽の矢が立ったというわけだ。

選挙に必要なのは「地盤（組織力）」「看板（知名度や肩書）」「かばん（資金力）」の3つの「バン」だと言われている。中でも参議院議員は「知名度さえ高ければどうにかなる」と思われがちだが、そもそも私自身がやむを得ず出馬することになってしまった立場で、そ

れほどモチベーションもなく、選挙に受かるかどうかは微妙なところだった。

実際、街頭に出てみると「選挙に出るなんて言わなきゃよかった」と思うほど後悔の連続だった。スポーツ平和党は猪木さんの支持者に支えられている政党であって、野球解説者としての私は、「演説するならどうぞご勝手に」とばかりに、応援に付いて来てもらえない。演説のノウハウもないので、テレビの司会や講演で舌鋒鋭く語っていた口調で話すしかなかったが、それが聴衆に響いているという手応えもあまりなかった。とはいえ、猪木さんからお声を掛けていただき、「出る」と決めたからには、当選するための準備をしなければいけないと決意だけは固めていた。それにしても、真夏の炎天下での選挙活動は、非常にきつかったのを覚えている。

七夕の日に長嶋さんがやって来る⁉

そんなある日。私の選挙事務所に長嶋さんご本人から電話を頂いた。

「そういえば江本君、選挙戦の応援に行きたいんだけど、どうかね？」

突然、驚くべきお申し出を頂いた。あまりに畏れ多く、丁重にお断りしたところ、

「それならこうしよう。今度、きみの事務所前を僕が散歩して通り掛かるっていうのはど

うかな？」

日時は7月7日。七夕の16時に、私の事務所前を通ると言ってくれたのだ。そこでつい、「お願いします。散歩して通り掛ってください」

と、言ってしまった。

「オッケー、じゃあ7日の16時に行くからね」

と言って長嶋さんは電話を切った。それにしてもなぜ……？

突然のお申し出は一茂君の件が元だった

長嶋さんが突然に私の応援をお申し出になったのはなぜか。後で分かったことだが、それは私と、長嶋さんのご子息一茂君とのある一件がきっかけだった。

私が参院選に出馬をするよりもずいぶん前の事だが、人から「ヤクルトスワローズに所属する一茂君が、一軍で起用してもらえず、二軍でも結果をなかなか残せないことで、相当落ち込んでいる」ことを聞いた。当時のヤクルトは、野村監督が指揮してＩＤ野球が大旋風を巻き起こしていた時期だ。私は、野村監督の厳しさは身に染みて知っていたし、ここは一つ「一茂君を元気付けてやろう」と考え、知人らを集めて激励会を開いた。

最初は沈みがちだった一茂君も、時間がたつにつれて笑顔も増え、終わりのころには冗談を言って笑い合うまでに元気を取り戻した。会がお開きの頃になると、

「今日はこんなすてきな会を開いてくださってありがとうございました。僕も明日から心機一転、一軍出場を目指して頑張ります」

とお礼を言って帰っていった。その様子を見て、ほっと胸をなでおろしたのだった。

この件を後に一茂君から聞かされた長嶋さんは、いたく感激して「いつか、何らかの形で江本君にお礼をしよう」と考えていたそうだ。そんな中、私が参院選に出馬し苦戦していることを知り「今がその機会だ」と、あの突然のお電話に至ったとのことだった。

7月7日16時。大騒ぎとなった長嶋さんの来訪

さて、長嶋さんからのお電話の後、マスコミ向けにスタッフが次の文言を書いたファックスを送った。

「7月7日の16時に、長嶋茂雄氏が事務所前を通り掛かる予定」

「来る」ではなく、あくまで「通り掛かる予定」としてみた。この文言を見ても「本当に長嶋さんは来てくれるんだろうか？」と、期待と不安が入り混じった気持ちでいっぱいだっ

たのだ。

そうして迎えた7月7日の当日。私や選挙スタッフたちが思いもしなかった事態が起きようとしていた。13時を過ぎたあたりから、事務所前にマスコミ関係者とおぼしき人物が、1人、2人と現れては、付近に誰かが来るのを待ち伏せ始めた。

「あっ、長嶋さんを待っているんだな」

時間がたつにつれて、事務所付近にはどんどん人が増えていき、15時を過ぎた頃には50人、いや60人以上のマスコミが集まった。同時にそれを見ていた一般の人たちも「何か起きるのか？」と騒ぎ出し、気が付けば異様なほどの人だかりとなっていた。

あまりの過熱ぶりに、党首のアントニオ猪木さんは、

「長嶋さんは本当に来るんだろうな？　もし来なかったらとんでもない事態になるぞ」

と苦笑いしながら私に確認してきたので、

「はい、ご本人が今日の16時に通り掛かるとおっしゃっていましたから……」

と言ってはみたものの、私も心配してなかったわけでもない。

だが、その不安は瞬く間に杞憂に終わった。

15時55分にさしかかった頃、私の選挙事務所から20m近く離れたところで、真っ白なセンチュリーが止まった。ドアがガチャッと開くと、ダークブラウンのスーツに身を包んだ

長嶋さんがさっそうと現れた。

するとカメラのシャッター音が一斉に鳴り響き、全員の視線が長嶋さんに注がれた。

「あっ、ミスターだ」

「本当に来たんだ、すごい」

そうして一歩、また一歩と歩み寄り、長嶋さんは私の事務所にやって来た。同時にそれを遠目に見ていた一般の人たちも、

「うわ〜長嶋さんだ！」

「えっ、ウソウソ。本人だよね」

うわっと歓声が上がって一瞬パニック状態になった。

けれども当の長嶋さん本人はどこ吹く風とばかりに、

「あれ、ここはあなたの選挙事務所なの？」

といつもの穏やかな満面の笑みで私に話しかけてくれる。

「いや今日はね、このあたりを散歩してみようと思ってね。気が付いたらあなたの事務所があるのを見つけて降りてみたってわけ」

いやいや散歩ではないでしょう——。誰もがそう思いつつも、そんなことを口に出すのは野暮だとばかりに、

「ミスター、こっち向いてください」

「江本さんと猪木さんのスリーショットを撮らせてもらえないでしょうか？」

四方のカメラマンからリクエストが入る。そうして私と長嶋さん、猪木さんのスリーショットの構図を、カメラマンから言われるがままに、笑顔でその要求に応えてくれた。

翌8日、スポーツ紙全紙にスリーショットの写真が載り、こんな見出しがデカデカと踊っていた。

「ミスター、エモやんを電撃訪問」

「長嶋さん、江本氏の選挙応援に駆け付ける」

これだけでもPR効果は絶大だったが、何よりも「あのミスターが江本を応援している」というイメージが、私の選挙活動に大きな追い風となったのは間違いない。

「巨人の4番」がハチ公前にやって来た

そして長嶋さんのこの行動に触発された人物がもう1人いた。当時、巨人の4番を打っていた原辰徳である。

長嶋さんの件からそれほど日を置かずに、原本人から私に電話があった。

「僕も江本さんの応援に行きたいんです」

長嶋さんと言い、原と言い、少なくとも、阪神のOBでそういうことを言ってくれる人は誰もいなかったので、心の底から感謝していたし、その効果が絶大であろうことも重々承知していたのだが、一方で現役の巨人の4番に応援演説に来てもらうなんて「とんでもないことだし、原本人にも迷惑が掛かるかもしれない」とも思っていた。

私は「その気持ちは本当にうれしいけど……」と切り出したが、原はまったく引く様子がない。

「長嶋さんは散歩して通り掛かったとお聞きしました。それならば僕も偶然そこを通り掛かったということにしましょう」

そこまで言ってもらえるのなら……。私は恐縮しながらも、スーパースターからの申し出を受けることにした。そして今度も事務所のスタッフが、

「23日にどうも巨人の原さんが、江本の演説会場となる渋谷駅のハチ公前を通り掛かるような、そんな話をお聞きしました」

と各メディアに予告した。

そして迎えた当日。私が渋谷のハチ公前で予定通り演説していると、ドーム帰りの原がさっそうと現れた。すると、今で例えるとハロウィンの日の夜のように、ものすごい人だ

かりができてしまった。原は、私と猪木さんの間に立って10分ほどスピーチをした後、何事もなかったかのようにスッと消えていったのだ。

「えっ、原だよ」

「なんでここにいるの？」

「あれ、絶対本人だよね」

今の時代ならあちこちから写真や動画を撮られ、もっと大変な事態になっていたはずだが、当時でも十分に渋谷駅周辺は大混乱となった。もはや主役は私ではなく、気付けば原となっていた。

当然、この件は翌日の各スポーツ紙に大きく掲載されたため、間を置かず、巨人の球団上層部の知るところとなった。私は「大事になるんじゃないか」と非常に心配した。

実際、原は直後に球団から呼び出しを食らい、事情聴取をされたそうだが、

「たまたま渋谷駅を通り掛かったら、球界の先輩がガードレールにつかまって必死な顔で演説されていたんです。後輩として素通りできますか？　もちろん、あいさつくらいするのは当然でしょう」

と、説明したそうである。それを聞いた球団上層部も、

「それもそうだな」

「たしかにそうだ」

「原君の言っていることはもっともだ」

現役選手の選挙応援は前代未聞だったが、原の誠実な人柄もあったからだろう、結局のところ不問となったそうだ。原の行動力は見上げたものだし、巨人の球団上層部の度量の深さも見逃せない。どちらも、これはなかなかできることではない。

応援演説に駆け付けてくれた原辰徳の男気

そこでこんな疑問を持つ人がいるかと思う。

「どうして原が江本の応援演説に駆け付けてくれたのか？」ということだ。

原と私は当時、特別な接点はなかった。しいて言えば巨人戦を解説していたくらいで、原本人と個人的に親しくしていたワケでもない。

ただ一つ挙げるならば、こんなことがあった。原は開幕から不振を極め、打率が1割台に低迷し、5月を終了した段階で巨人は首位ヤクルトから9ゲームも離された5位に甘んじていた。

当然、チーム成績の不振の矛先は、4番を打っていた原に向かう。

「原は一度、二軍でやり直すべきだ」

当時、私が出演していたフジテレビ『プロ野球ニュース』の野球解説者たちも、そのようなコメントを残していたのだが、唯一私だけが違った。

「いやいや、原は6月あたりから復活するだろうから、心配しなさんな」

そう言うと、全員から白い目で見られてしまったのだが、私は懲りずに同じ内容のことをサンケイスポーツのコラムでも書いた。どうやら原は私のこの時のコラムやテレビでの発言を見てくれていたらしく、えらく感激してくれたようなのだ。

一方の原は原で、復調に向けて必死だった。当時は極秘に長嶋さんの自宅を訪れ、地下室で素振りを繰り返していたそうだ。

この時、バットを切り裂く音が、「ビュッ」という音なのか、「ボワッ」という音なのか、それが自分の体の右側から聞こえてくる音なのか、正面から聞こえてくる音なのか、はたまた左側から聞こえてくる音なのか。それによってスイングの速さと軌道の違いを、長嶋さんは判断することができたのだということを、後になってから原本人から聞いた。

実際、6月に入ってから、その成果が表れた。10日の広島市民球場での広島戦で大野豊からバックスクリーン左へ逆転3ランを放つと、この日から6試合で4本塁打と完全復活し、チームも10連勝、4連勝、7連勝と連勝街道をひた走り、ついに首位に躍り出た。

さらに7月5日の神宮球場で行われたヤクルト戦では、9回表に伊東昭光から同点ホームランを放った。打った直後にバットを高々と放り投げるシーンが有名なあの一撃である。原が応援に来た後の26日に投開票が行われ、明け方の5時に比例区での当選が決まった。

「国会議員・江本孟紀」が誕生したのだった。

この時、長嶋さんは遠くスペインにいた。ちょうどバルセロナオリンピックが開幕した後で、長嶋さんはキャスターを務めることになっていたからだ。

その長嶋さんが、私の当選に祝福のコメントを出してくださった。

「当選しましたか、そりゃよかった。おめでとうと言ってあげたい。彼の野球解説でも分かる通り、個性派であり、強い決断力と行動力の持ち主ですから、国政の場でもこれまでにないユニークな活動を展開してくれる予感がしています。広くスポーツ界の健全な発展のために尽力してくれることを期待しています」（92年7月27日付の日刊スポーツより）

以降、どんなにシーズン前に巨人の調子が悪くても、私は長嶋さん、原が巨人の監督を務めている間は極力、巨人を1位予想とすることを決めていた。「だから何だ」と言われればそれまでだが、彼らを応援することが私なりの恩返しになればいいと考えていた。それを〝忖度〟と取られても、私はそれで良いと思っている。

自民党本部にスポーツ紙が置かれるようになった背景

実はこの話には続きがある。

選挙に当選して以降、私は各政党を回る「あいさつ回り」をしていたのだが、自民党本部に足を運んだときに「おや？」と思う出来事があった。

選挙前には朝日、読売、毎日、産経、日経の、いわゆる全国紙5紙が置いてあった場所に、なぜかスポーツ紙が加わっていたからだ。それまで政治の世界にはスポーツ紙の類が置かれたことはなかったのだ。

私と関係者とが偶然顔を合わせたので
「この場所にスポーツ紙って前からありましたっけ？　なかった記憶があるのですが」

と聞いてみると、すぐさまこんな答えが返って来た。

「原因はね、江本さん、あなたたちスポーツ平和党ですよ」

えっ、オレら？　思いも寄らない答えにいささか驚いていると、こう続けた。

「それまで党の重鎮の先生方は、『スポーツ紙はサラリーマンが時間をつぶすために読むもの』程度にしか考えておられなかったんです。ところが長嶋さんや猪木さんがデンと載った紙面を目にして、『スポーツ紙は選挙で当選するために必要なアイテムなんじゃないか』と考え方を一転されまして、それから党本部に置くようになったんですよ」

さすがは目の付けどころが違うと思ったのと同時に、一点だけ「違うな」と思ったところがあった。「長嶋さんと原がいたから、全国の有権者にPRできた」ということだ。

まさに鶴の恩返しならぬ、「長嶋さんの恩返し」。さらにその続編となる「原の恩返し」。お二人には本当に感謝しきりで、足を向けては寝られない。

アントニオ猪木さんの、長嶋さんに対する印象とは

長嶋さんが選挙事務所に来てくださった7月7日に話を戻そう。長嶋さんがお帰りになってからマスコミもゾロゾロと事務所を後にして、元の静寂が戻った。すると猪木さんが、

「やっぱり長嶋さんはかっこいいよな」

と言った。猪木さんは長嶋さんより7歳年下だが、同じ2月20日生まれということもあり、長嶋さんには常に親近感と敬意を抱いていたそうだ。

「長嶋さんに憧れて野球を始めたんだろう？　ユニホームを脱いでスーツを着てもビシッとしているし、当時の野球少年たちが憧れた気持ちもよく分かるよ」

いや、あなたもプロレス界をけん引したスーパースターでしょう……と思ったものだが、猪木さんは長嶋さんの存在が、自らの刺激にもなっていたという話をこの時聞いた。
その後の猪木さんは、２００４年に長嶋さんが脳梗塞で入院され、復帰を目指して必死にリハビリに励んでおられたその2年後の長嶋さんの誕生日に、「あいうえお作文」の形で、その思いをしたためた。以下はその文章である。

ながい人生
がんばり次第で
しんじた道に
まいた種
しげみは広がり
げんきよく
おおきな夢を
　ありがとう

二〇〇六年二月二〇日
アントニオ猪木

この色紙を猪木さんは長嶋さんに直接渡す予定だったが、残念ながらかなうことはなかったのだが、猪木さんが亡くなられた翌2023年8月に新宿の京王百貨店で開催された「アントニオ猪木　80th　ANNIVERSARY　燃える闘魂・アントニオ猪木展」で初めてお目見えとなった。

長嶋さんと猪木さん――。形はどうあれ、一時代を築いたスーパースターと交流が持てたことは、私にとってかけがえのない財産となった。

若手記者にも気さくに話し掛けていた長嶋さん

私が参議院議員になった92年秋、ついに、というか、とうとうというべきか、長い充電期間を経て、長嶋さんの13年ぶりの巨人の監督復帰が決まった。この年のドラフトでは、松井秀喜が4球団競合の末、巨人への入団が決まり、長嶋フィーバーが巻き起こった。

同時に、「長嶋番」と呼ばれる担当記者も全国紙、スポーツ紙を問わず配属されたが、長嶋監督は彼らに対して全く嫌がるそぶりを見せることなく、さまざまな質問に丁寧に答え続けた。

長嶋さんが多くの記者から尊敬されていたのは、「人前で決して偉ぶらない」というのも理由の一つに挙げられる。簡単なようで実はこれが一番難しい。なぜなら誰もが必ずできるというものではないからだ。

記者の世界の右も左も分かっていない、大学卒業間もない若手記者が長嶋監督の担当となった。長嶋監督とは20年以上交流のある記者もいれば、それまで競馬担当だったのが今年から長嶋監督の担当に変わった記者など、多彩な経歴を持った記者が集まっていたのだが、彼は大勢の先輩記者たちを前にして、

「よろしくお願いします！」

と長嶋監督にあいさつをした。すると、

「君は野球が好きなのかな？」

と長嶋監督が質問してきた。

「いえ、野球のことはあまり詳しくありません。これから勉強していきます」

そう言うと、長嶋さんは、

「そうか。だったらこっちにおいで」

と手招きして、こんな話をし始めた。

「今ゲージ内で打っているバッターに注目しておいてね。彼は今日の試合でスタメンで使う予定なんだ」

「どうしてこの選手をスタメンで使うんですか？」

彼がそう尋ねると長嶋監督は、

「このバッターはね、スイングが変わったの。一昨日までは打てそうにないスイングだったんだけども、昨日からスイングの質が変わったんだ。だから今日の試合で使ってみようと思ったんだよ」

と丁寧に説明していたのだ。

こう言うと当たり前のように聞こえるかもしれないが、実は若手記者に厳しく当たるような監督、とりわけベテランや名将と呼ばれる監督の中にもそうした人は少なからずいる。長嶋さんのように、たとえ若手記者であろうと、他の記者と同じような態度で接するなんていうケースは意外と珍しいものだ。

それに若手記者だって長嶋監督のように接してもらえると話をしやすくなる。話がしやすいということは、必然的に会話が多くなる。やがては「長嶋さんともっと話してみたい」と思い、どこの新聞社とは言わず誰もが長嶋さんのとりこになってしまうというわけだ。

「野球を好きになってもらいたい」。そう言った長嶋さんの真意

あるとき、私は長嶋監督にこのことについて質問してみたことがある。私がラジオの解説の仕事で東京ドームに行った際、私は試合前のグラウンドで長嶋さんと顔を合わせた。

「あれ、エモやん、今日は解説があるの？」

お気付きの人もいるかもしれないが、この頃は「エモやん」と長嶋監督から呼ばれていた。覚えていただいたのは身に余る光栄である。

「監督は若手記者にも分け隔てなく接しますよね。あれ見ているといつもすごいなと思っていたんですよ」

「ええ、それのどこがすごいことなの？」

「だって監督の中には偉そうにふんぞり返って、若手の記者なんて歯牙にもかけないっていう人もいるじゃないですか」

私がそう言うと、長嶋監督はエッヘッヘと笑いながら、こう返してくれた。

「エモやん、僕はね彼に『野球を好きになってもらいたい』んだよ。その気持ちがあればいい記事が書けるだろうし、何よりももっともっと『球場に足を運びたい』という気持ち

になってくれるんじゃないかって思っているんだよ」

「えっ、野球ですか？　そこは野球ではなくて『巨人』ではないんですか？」

「いいの、いいの、エモやん。ジャイアンツでも、タイガースでも、ドラゴンズでも、ベイでも、どこでもいいの。『野球が好きだ』っていう気持ちが、一番大切なんだよ」

長嶋監督は広い視野で物事を考えているんだなと、感心せずにはいられなかった。さらに長嶋監督はこう続けた。

「それにね、あのルーキー記者の後ろには、何百万人、いや何千万人かのプロ野球ファンがいる。僕は彼と話していると、多くの野球ファンの姿が見える。これは本当の話だよ。僕の発言を喜んでくれる野球ファンがいるんだと思ったら、どんなささいな情報でも発信しなきゃいけないって考えているんだ。野球は勝負ごとだからね。勝つこともあれば負けることもある。でも負けたときこそどんなコメントを発するかが大切だと思うんだ。『勝った時はコメントします。負けた時にはしません』じゃ身勝手過ぎるし、そんなんじゃ本当に応援してくれるファンは付いてこないんじゃないかと思うんだよね」

私は長嶋さんという人の度量の大きさに感銘を受けるばかりだった。常に自然体でいて、勝っても負けても、長嶋監督はファンのことを考えて必ずコメントをくれた。負けたからと言って、取材拒否するようなことは一度もなかった。同時に、自分の発するコメントが、多くの野球ファンから注目されていることに気付いているプロ野球の監督がどのくらいいるのだろうかとも考えてみたりもした。

チームの勝敗だけでなく、チームを応援してくれるファン、さらには多くの野球ファンのことまで考えている野球人は、長嶋さんをおいて他にはいるまい。だからこそ多くの野球ファンから今なお愛されるスーパースターとなり得たのだろう。

長嶋さんはスーパースターであり、永遠のヒーローだ

今、プロ野球界は大変な盛況ぶりを見せている。解説者席から観客席を見ていると、多くのファンに支えられていることが一目瞭然である。

同時に12球団には「チームの顔」と言うべき選手もいる。それはそれで喜ばしいことなのだが、長嶋さんのように突出したスーパースターはいないことにも気付く。

こう言うと「長嶋さんたちが活躍していた時代と今は違う」と言う人もいるかもしれない。けれども、プロ野球人気をさらに不動のものにするためには、「長嶋さんに匹敵する、本物のスーパースター」を再び輩出できるようでなければいけないと、私は強く思う。

日本のプロ野球界で長嶋さんの後を継げる可能性があったのは、イチローと松井秀喜だっ

た。けれども2人ともメジャーでそのキャリアを終えている。松井は巨人の監督として再び日本に戻って来るかについてささやかれ続けているが、残念ながら今のところその機会はやって来ていない。

さらに言えば「次世代の長嶋茂雄」となり得そうな存在だった大谷翔平は、海を渡ってメジャーの舞台で勝負し、大成功を収めて今年で8年目を迎えた。ファンが「ここで打ってほしい」という場面で期待通り打って、数多くの感動を届けられるメジャーリーガーにまで上り詰めた大谷だが、彼の活躍はあくまでも海の向こうの話であって、日本のプロ野球の話ではない。今のままでは、スーパースター候補生と呼ばれる日本のプロ野球選手たちは皆、海を渡ってメジャーの舞台で勝負したがるに違いない。

けれども、「それでいいのか、日本のプロ野球」である。今のように野球人気が続いているうちに、「次世代の長嶋茂雄」を日本のプロ野球界で生み出すことこそが、野球界に携わっている人たちの使命であると思う一方で「長嶋さんのようなプロ野球選手は二度と現れない」という考えもある。

長嶋さんに憧れ、長嶋さんのようになることを夢見て、とうとう長嶋さんのようにはなれずに夢破れて野球選手になることを諦めた少年たちは、全国にごまんといた。だが、だからこそ長嶋さんは唯一無二の存在となり得たのだ。

立教大学時代の華やかなプレー、巨人のデビュー戦での金田正一さんとの勝負で4打席連続三振を喫したこと、天覧試合でのサヨナラホームラン、V9時代の立役者……。監督になられてからも、「国民的行事」と自ら宣言した1994年の10・8決戦（最終戦で同率首位となった巨人と中日の直接対決）、2年後に11・5ゲーム差をひっくり返して優勝を遂げ、流行語大賞にも選ばれた「メークドラマ」、2000年の日本シリーズで盛り上がった「ON決戦」……。どの話題の中心にも、必ず長嶋さんの存在があったことを見逃してはならない。

だからこそはっきり言っておきたい。長嶋茂雄さんが私たち世代のスーパースターであり、永遠のヒーローであることは、今も、この先も永遠に変わることがない。

第7章 思い出深い大御所の野球人たち

王さんを抑えることができたワケ

野球界には尊敬できる先輩方や仲間が数多くいるが、ここではそのことについて触れておきたい。

私が現役時代に対戦した中でも、王貞治さんは長嶋さんと並ぶくらい思い出深い人だった。阪神時代に対戦したときにも、「一歩間違えたら打たれる」という恐怖心を持ちつつ、「ここで抑えたら、明日の一面はオレで決まりやな」

と妙なプラス思考も持っていた。

王さんとの対戦成績について、1976年から80年の5年間の結果はというと、67打数9安打、3本塁打、10打点、打率1割3分4厘。

だった。余談だが、王さんと50打席以上対戦した投手のなかで、1割台に抑えたのは私と中日の鈴木孝政（50打数9安打、3本塁打、9打点、打率1割8分）の2人だけだというから、これは名誉なことだ。

ではどうやって王さんを抑えていたのか。

そのパターンはただ1つ。変化球でストライクを取り、ストレートはボール球で勝負。

たったこれだけだったが、王さんを抑えられたのには明確な根拠があった。

またもや登場するが、南海時代にノムさんから教わった配球学が、王さんとの勝負にもおおいに生かされていた。

73年の日本シリーズの直前、南海は巨人打線、とりわけ王さん対策に余念がなかった。けれども、欠点らしい欠点が見当たらなかったのだ。どのコースもまんべんなく打っていたからだ。

データからは欠点が浮かんでこない。その時にノムさんから発せられた言葉が、

「短所がないと思ったら長所を見つけろ。その傍らに短所がある」

それを私は、王さんとの対戦の際は常に意識するようにしていたのだ。

配給の工夫はもちろん、王さんの一本足打法に着目して、投手のモーションに合わせて足を上げてタイミングを取ってフルスイングする瞬間の、王さんが足を上げた際にタイミングを狂わそうと思って私も上げた足を止めてみたり、クイックモーションで放ってみたりと、考えられる限りのことを仕掛けてみた。

「どんなにいい当たりを打たれても、結果、抑えればオッケー」という感じで、「絶対に三振を取ってやろう」という欲をかくことなく、淡々と投げるように心掛けた。その結果がこの数字に結び付いたのだと思う。

迷いは見逃さない、王さんのすごさ

けれども痛い目に遭うときはとことんやられた。

あれは78年の後楽園球場での開幕戦だった。私は栄えある開幕投手に指名されたのだが、巨人に1点先制された後、3回裏に1死満塁で王さんを迎えた。

いつも通りに初球、2球目とカーブを投げてファウルされた。そして3球目、4球目のストレートを見送ってボール。5球目はフォークを投げてこれも王さんはファウルにした。

そうして迎えた運命の6球目。捕手の田淵幸一さんからは、インコースへの「ストライクのストレート」のサインが出た。それまでに王さんを追い込んだら、「ボールのストレート」でしか勝負したことがない。

「ちょっと違うかもしれないな」

なんとなく嫌な予感はしたのだが、インコースに「ストライクのストレート」を思い切り投げた。

すると「カーン」と乾いた打球音が耳に残ったまま、ボールはそのままライトスタンドへ一直線となる満塁本塁打を打たれてしまった。阪神に移籍して3年目、王さんに初めて打たれた本塁打だった。

結局、この4失点が致命傷となり、試合は6対7で敗れた。

翌日のスポーツ紙は、「王、劇的な満塁弾」という見出しが並んだ。

紙面には笑顔でホームインしている王さんと、がっくりうなだれている私の写真が載っている。マスコミが待っていたのは、「王さんを抑えた江本」ではなく、「王さんに打たれた江本」の構図だったというわけだ。

大阪にいると、スポーツ紙の見出しは「阪神」の2文字ばかりが目立つ。けれども東京に来れば一変して、「巨人」「長嶋」「王」の見出しが中心となる。大阪と東京の違いを、この時まざまざと思い知らされた。

掛布の守備力の高さは、努力を重ねてきたからこそ

私がお世話になった野球界の先輩は数多くいるが、広岡達朗さんと森祇晶さんのお二方から学ぶことが多々あった。

広岡さんは西武時代に「管理野球」とマスコミからやゆされていたが、まったくそんなことはなく、試合での捕手の配球にしても、監督から指示することはなかったそうだ。若

き司令塔としてその役割を期待した伊東勤にしたって、いちいちサインを送るなんてことはしなかった。

その理由は明快で、「１球ごとにサインを送っていたのでは、捕手の責任感がなくなってしまうから」という、至極もっともな理由からだった。

さらに広岡さんは、野手陣に対して反復練習を求めた。「当たり前のプレーを当たり前にできるのがプロ」という持論があり、実際に内野の連携プレーにはこれでもか、というくらいに時間を割いていた。

守備練習はともすれば苦痛を伴ってくる。ボールを捕ってから投げる、の一連の繰り返しだから、気持ち良くスイングできるバッティングとは違って単調な分、飽きやすいし、「もうこのくらいでいいかな」と妥協もしがちになる。そこを乗り越えてどれだけ根気よくできるかが守備練習で重要なことであり、上達への道にもつながる。

阪神時代、これを実践していたのが掛布雅之だった。

身長１７５㎝とプロ野球選手としては決して恵まれた体格とはいえなかった彼だが、パンチ力があって本塁打を量産する実力があり、１９７９年には本塁打を48本放って、初の本塁打王のタイトルを獲得した。

同時に掛布は守備に対する向上心が強かった。私が阪神に移籍した76年にはレギュラーとして試合に出場し続けていたのだが、彼はサードのポジションを死守するために、シーズンに入ってからも特守の毎日を送っていた。

「試合前なんだから、もうやめておいた方がいいんじゃないか」

私もそう思うこともたびたびあったのだが、掛布は違った。「味方の投手陣から、『アイツの所に打球が飛べば大丈夫』と言われるほどまでに信頼されるようになりたい」と意識を高く持って守っていた。

その姿を毎日見ていただけに、たとえ掛布が試合でエラーをしたとしても、

「まあ、今回はしゃあないわ。次は頼んだぞ」

と励ますことができたのだ。

そうして翌日になると、前日以上にノッカーにボールを打ってもらって守備練習に励む。それを連日のように行っていたのだから、掛布の守備力はメキメキ上達していった。

掛布本人によると、

「試合前に嫌というほど練習を積んだことで、頭であれこれ考える前に、体が瞬時に動いて、気付けばボールを勝手にさばいて送球できるようになっていたんです」

と言っていた。それができるようになったからこそ、ベストナイン7回に加え、守備の名手がもらえるダイヤモンドグラブ（現ゴールデン・グラブ）賞を6回受賞したのだろう。

「バッティングは難しいです。『こうすれば打てる』っていう答えが100%あるわけじゃないですよね。でも守備は違う。『こうグラブを出せば捕れる』というのを、体に染み込ませることで勝手に反応できるようになる。基本を積み重ねて、泥くさいほど練習を重ねれば、必ずうまくなっていくんですよ」

そんな話をしていた掛布の姿が今でも脳裏に浮かんでくる。

2025年1月、掛布がエキスパート表彰で野球殿堂入りすることが決まった。349本塁打、1019打点、本塁打王3回、打点王1回を獲得した実績を見れば、多くの野球ファンは掛布を「打撃の人」だと思うかもしれないが、私が掛布をあえて「守備の人」という見方をしているのは、当時の努力を見続けていたからだ、ということを強調してお伝えしておく。

旅行気分だった阪神の海外キャンプ

話を広岡さんと森さんに戻すと、私がお二人と話をするようになったのは、1980年に阪神がアメリカのアリゾナ州・テンピで春季キャンプを行った時である。

球団としてみれば、アリゾナでは安価でグラウンドが借りられるだけでなく、グラウンドも6面以上あることで、効率的かつ密度の濃い練習ができるという話も相重なって、異国の地でのキャンプは選手全員が歓迎した。当時はヤクルトや大洋もアリゾナでキャンプをしていたし、巨人や西武などはフロリダだったりと、海外キャンプが流行していたというのもある。

けれども選手の心の内は違った。建前上は「みっちり練習している」姿を、マスコミにアピールして意気込んでいたものの、本音は観光旅行気分の選手がほとんどだったのだ。

いざこのキャンプが始まってみると、連日雨、雨、雨……と雨に祟られてしまい、屋外のグラウンドで思い切り体を動かしたのはたったの一日だけ。後は室内練習場での練習ばかりだった。こうなると選手の楽しみはただ一つ、休日にショッピングに興じることだった。練習が早めに終わることで、コーチや選手はこぞって繁華街へと繰り出していく。

私も皆と同じようにショッピングしたい気持ちはあったのだが、一つだけどうしても見ておきたいものがあった。それはメジャーリーグのオークランド・アスレチックスの練習内容についてだった。

長い間、弱小球団だったアスレチックスが、ニューヨーク・ヤンキースで活躍した元スター選手のビリー・マーチンを監督に据えたことで、強豪チームへと変貌していった。その強さの秘密を知っておきたいと考えていたのだ。

当時は今のように気軽にメジャーリーグ中継が見られるわけではない。メジャーの情報は新聞頼りで、それ以外でメジャーの情報を仕入れるとなると、メジャー通の記者に聞くくらいしか方法がなかった。

私自身、メジャーに対する憧れはあったものの、いざ自分がプレーする姿なんて想像もできなかった。けれどもアスレチックスは阪神と同じアリゾナ州で春季キャンプを張っている。生きた教材をやすやす見逃すようなことはしたくない——。

私は休日にレンタカーを確保して、アスレチックスのキャンプ地に向かった。

アスレチックスのキャンプで広岡さんと森さんに遭遇

グラウンドに到着すると、阪神の関係者は誰一人としていなかった。日本人がいたと思ったら、野球のことをあまり知らない旅行客が、たまたまここに立ち寄った程度であることを知った。

私は一人でアスレチックの練習を1時間ほど見ていると、見覚えのある顔がお二人……

「おお、江本じゃないか」

という声がした。それが広岡さんと森さんだったのだ。

「阪神の選手でここに来ているのは、江本だけか？」

と広岡さんに聞かれたので「そのようですね」と私が答えると、

「中西監督はどうして来ないんだ？　大方、彼のことだから街に出てゴルフかショッピングにでも繰り出しているんだろう」

広岡さんが苦笑いしながら私に質問する。すると今度は森さんが、

「本当にみんな来ていないのか？　素晴らしい教材が目の前にあるんだぞ。こんなチャンスそう簡単にあるわけじゃないのに、なぜ来ないんだ？」

となぜか私が責められてしまったが、私は思わず、

「みんな野球が好きじゃないんでしょう」

とぶっきらぼうに答えた。広岡さんと森さんは大きな声で笑っていた。

たしかにはるばるアメリカまでやって来て、普段は簡単に情報が入ってこないメジャーのキャンプを見るチャンスなど、当時はそうそうなかった。それにもかかわらず全員がメジャーキャンプの視察そっちのけで、観光気分に浸っていたのだから「なんとも情けない」と、広岡さんと森さんは思ったことだろう。

弱小チームが強いチームに変貌した秘密を教えてくれた広岡さん

広岡さんと森さんは、野球界で監督やコーチとしてユニホームを着ていた頃から、「しばらくユニホームを着ない期間ができたら、メジャーキャンプの視察に行こう」と決めていたそうだ。その最中、私と会う前日にテンピの阪神宿舎にも訪問していたのだが、若手選手がビール缶を袋いっぱいに買い込んでいる姿を見て、

「彼らはいったい何しにここまで来たんだ?」

とあきれ果てていたそうだ。

広岡さんと森さんとのあいさつもひと段落した後、広岡さんはこう言った。

「江本、今日は終わりまできっちり見ていけよ。どうしてアスレチックスが強豪チームになったのか、後で教えてやるから。この後ブルペンや他のグラウンドも回ってじっくり見ていくから、夕方になったらまた会おう」

ただし、私の正直な気持ちを言わせてもらえば、

「参ったな」

というのが率直な思いだった。

実は私も昼くらいまでアスレチックスのキャンプを視察した後、アリゾナの繁華街でショッピングをしようと考えていたからだ。「この後の予定が狂っちゃったな」と内心では嘆きつつ、午後もアスレチックスのキャンプを見続けることにした。

夕方、再び広岡さんと森さんに呼ばれた。

「江本、なぜアスレチックスが強くなったのかを教えてやるよ」

と広岡さんが話し始めた。アスレチックスはキャンプ中に故障者を出さないように、練習メニューを綿密な計画を立てているだけでなく、食事面にも配慮したメニューを考案していたというのを、アスレチックスの関係者から直接聞いたというのだ。後年、広岡さんが西武の監督に就任すると玄米を含めた自然食の食事にこだわっていたのは、アスレチックスのキャンプから学んだことが大きかったというわけだ。

メジャーのキャンプを直に見て何かしら学び取ろうとしていたのは、当時の阪神の首脳陣や現役選手ではなく、ユニホームを脱いで充電期間に入っていた広岡さんと森さんの方だった。それが結果的にも、西武で黄金時代を築く礎となり、阪神はたしかに85年に西武を破って日本一になったものの、長く低迷する、いわゆる「暗黒時代」に突入していった。

それだけに阪神の首脳陣と選手たちは全員、アスレチックスのキャンプを見ておくべきだったんじゃないかと、今さらながらに思うのである。

投手によって鍛え方を変えていた金田さん

野球界で恐縮していた大先輩と言えば、金田正一さんをおいて他にいない。金田さんからはピッチングやトレーニングのことで学ぶこともあったし、「選手を見る目」も確かだった。

金田さんが二度目のロッテの監督に就任した1990年の春季キャンプでのこと。徹底的に走らせ、ブルペンでも球数を放らせたりと投手陣を鍛え込む一方、軽めのトレーニングに終始している投手もいた。よく見ていると、ケガをしてリハビリメニューをこなしているわけでもないのに、他の投手たちとはトレーニング方法が違う。

そこに金田さんがやって来たので、私は不思議に思って「どうしてあの投手は軽めのメニューにしているんですか？」と尋ねてみた。

すると金田さんは笑顔でこう答えた。

「気になるやろ？　あいつはな、とことん追い込むと体のどこかしらかが悲鳴を上げてしまうんや。だから特別メニューを組んで調整させとるわけや」

その投手の特性については、事前に投手コーチから聞いていたし、一軍のローテーションにも名前を連ねるような投手だったので、無理をさせていなかったというわけだ。

さらに金田さんはこんな話もしてくれた。

「体つきがシャープで、手足がスラっと長くていかにもピッチャーらしい体型をしている選手でも、つぶれるときはつぶれる。反対に見た目から鈍くさそうなピッチャーでも、頑丈で何しても壊れんヤツもおる。それを見極めるのがワシの仕事の一つでもあるんや」

金田さんは前人未到の400勝を挙げた大投手だ。それだけに、投手を見る目は確かである。壊れるタイプと頑丈なタイプの見極め方も、金田さん独自の視点があるということを、この時初めて知った。

苦笑いするしかなかった金田さんの「あの言葉」

一方で金田さんには、困ってしまうこともあった。

ある日、お世話になっていた方に食事をごちそうになったその帰りの車中で、

「しかしさっき食べたメシはうまくなかったな。あんなメシは初めて食べたぞ」

と言い出したのだが、さすがにこれには失笑するしかなかった。

金田さんクラスの人を満足させるような食事はなかなか難しい。だが「さっきはありが

とう」のお礼の一言くらいあってもいいんじゃないかと思った。

食事の席に話を戻す。お酒を飲んでほろ酔い気分になっていた金田さんが突然、こんなことを口にしてきた。

「そう言えば江本。お前はプロで何勝したんだ？」

そう聞かれたので「はい、113勝ですが……」と返した。すると金田さんは、

「ワシが400勝で、オマエさんが113勝。そんなヤツが同じテーブルで食事をするっていうのは、おかしいだろ！」

周囲の人は「どうしてそんなことを言うのか」といぶかしく思ったようだが、それまでにも私は何度か金田さんと一緒に食事をしていたこともあり、「また始まったか」程度にしか思わなかった。

金田さんとノムさんに共通して言えること

この金田さんの発言を聞いて、ふと「誰かにも、こんなことを言われたな」と思い出した。他ならぬ野村監督、ノムさんである。ノムさん&サッチー夫妻と生前、サンケイスポーツの主催で、幹部数人と横浜の中華街に食事に行ったことがあった。

老舗で、味は間違いなく一流で、私の友人でもある店のオーナーも特別な料理を提供してくれていて、フカヒレや上海ガニ、高級アワビなどなど素晴らしい料理を出してくれた。私たちはひたすら「うまい、うまい」と言いながら2時間ほど食べ続け、お店を後にした。ノムさんもおいしそうに食べているように見えたのだが、帰りの車に乗り込む直前、ノムさんがぼそりと、こう言ったのだ。

「しかし、こんなにまずい中華を食べたのは初めてやな」

私やサンスポの記者たちは顔を見合わせながら、唖然としてしまったのだが、

「そんなふうに言われるくらいなら、ごちそうしなきゃよかった」

とガックリした。

金田さんとノムさんの2人に共通しているのは、プライドが邪魔をするのか人に感謝の意を素直に伝えることができないことだ。それは性格が影響しているのではないかと思う。また、ノムさんに限って言えば、ここでも「褒め過ぎない」を徹底していたと言えなくもない。

金田さん、ノムさんの世代に共通しているのは、太平洋戦争を経験していることだ。そこでお父さんを失くしたり、あるいは疎開をして家族と離れ離れになったりと、その後の人生で苦労していることが多い。

これは私の勝手な想像だが、「自分の力ではい上がってやる！」というハングリー精神があったからこそ、その後の成功を収めることができた。そのことは野球界において数々の記録が証明している。ただし、同時に「人を蹴落としてでも……」と考えてしまう部分もあり「人に対する思いやりの心」を欠いてしまうところがある。

金田さんに話を戻すと、野球のことでは間違いなく超一流の腕を持ち、学ぶことも多い人だった。けれども、一社会人として見た場合、その振る舞いについて言えば、ちょい考えてしまうところも……。

張本さんの普段の姿は、紳士で後輩思いの人

私の中で、今でもいい意味で恐縮してしまう先輩と言えば、張本勲さんである。

皆さんの中には、日曜日の朝から「喝！」と叫んで、独特の視点でスポーツを語っていた人と、思い浮かべる人もいるかもしれないが、私から見たら張本さんは後輩思いの人という印象が強い。

数年前にあるレストランで、偶然張本さんとお会いする機会があった。張本さんは数人の友人と一緒だったのだが、私と顔が合うなり、

「おっ、ジェントルマン元気か？」

と笑顔で話しかけてくれた。しかも張本さんの友人たちを前に、

「彼は本当に先輩思いで紳士的なんだ」

と後輩である私を立ててくれる。こうした振る舞いのできる先輩は、野球界で探してみるとなかなかいないものだ。

張本さんはいい意味で、テレビの画面越しに見せる顔とは180度違う。紳士的なのは私よりもむしろ張本さんの方で、数人といたら自分の話で楽しませ、周りの人の話を聞き、笑顔にさせる、サービス精神満点の人だ。

もちろん現役の野球選手時代は違った顔を見せていた。バットを持てば、どんなコースでも安打にするだけの高い打撃技術を持っていたし、試合に相手投手から、

「おいハリ、おまえさんに投げるボールがなくなっちゃったぞ」

と言われたときには、

「それならど真ん中にストレートと行きましょうか」

と返して、ど真ん中に思い切りストレートを投げた途端、いきなり「カーン！」と乾いたバット音とともに、打球は場外に消えてしまった……ということも実際にあったそうだ。

もうだいぶ前の話だが、かつて巨人で一時代を築き、数々の打撃タイトルを獲得する一

方、野球解説者としても活躍されていた青田昇さんにこんな問い掛けをされたことがある。

「日本で最高の打者は誰だか知っているか？」

私が答えに窮していると、青田さんは間髪入れずにこう答えた。

「張本勲だよ。あのきれいなレベルスイングは、どのコース、どの高さのボールにも対応できる。そうでなければ最多安打など打てるわけがないよ」

たしかにそうだなと思った。日本プロ野球の歴史において、3000安打以上を記録したのは、張本さん以外にいない。イチローは日米合算して4000安打以上となるが、こと「日本だけ」で見れば張本さんの打撃技術は群を抜いて素晴らしいことが分かる。

「柴田を狙え」と聞こえたあのシーン

一方でこんなエピソードもある。乱闘の時の張本さんは自分から手を出すようなことはしなかった。一見、けんかっ早いように見えるが実際は違った。

私が阪神の現役時代、甲子園で行われた巨人戦でのこと。どういう場面だったかは詳しくは覚えていないが、ホーム上で両軍が入り乱れての乱闘が始まった。私も慌ててベンチからグラウンドに飛び出していったのだが、巨人側のベンチにいた張本さんが私の目の前に姿を現した。

あっ張本さんだ……そう思った矢先、張本さんは私の耳元で、

「おい、柴田（勲）を狙え。柴田だぞ」

そう言って乱闘の矛先を変えようとしていたような気がした。

張本さんは、守備はあまり得意ではなかった。巨人に移籍してから柴田さんを筆頭とした外野陣に、

「あのくらいの当たり、しっかり捕ってくださいよ」

「僕たちの仕事量を増やされるのは困ります」

などと指摘されることが何度かあったそうだ。そうしたフラストレーションが積もり積もって、こうした発言へとつながったのかもしれないが、おそらくは冗談半分、面白がっての言葉だったのだろうと思う。このことについて張本さんとお話ししたことは一度もないが、今度、あの時どんな気持ちでそう言ったのかを、一度こっそり聞いてみたいと思う。

ここで挙げた野球人は、みんな野球殿堂に入っている、いわゆる大御所たちだ。同じ時代にプレーできたこと、あるいは野球のイロハを教えてもらえたことに感謝が尽きない。

第8章
江本流・令和のプロ野球を10倍楽しく見る方法

〝フライボール革命〟が日本の打者をダメにした

ここでは私が今気になっている話題や、注目したい５人の選手についてお話ししたい。

今の日本の野球ファンは、とにかく「メジャーこそ野球の最先端を行っている」と考えているフシがある。話題となった〝フライボール革命〟もご多分に漏れず、野球ファンだけでなく、日本の野球界にも影響を及ぼしたと言っていい。だが、〝フライボール革命〟によって、日本の打者の技術が上がったかと言われれば、その答えは「ノー」である。

フライボール革命とは、効率的に得点するには、ゴロを打つよりも強いスイングで打球に角度をつけて打ち上げる方がよいとする、メジャーリーグで２０１５年あたりから根付いてきた理論だ。しかもこの年からボールの打球角度や速度を数値化する「スタットキャスト」が導入されて、

「打球角度が26度から30度、打球速度が１５８km以上になると本塁打になりやすい」という数値が割り出されたというのだ。

これを聞いた私は、「?・」と思った。

たしかに計算上ではそういうことになるのかもしれない。だが、野球とは本来予測不能

で、思いがけない当たりでもスタンドインすることもあれば、「捉えた！」と会心の打球が飛んでもアウトになることがある。

数字で測れないのが野球の面白さの一つであるにもかかわらず、こう全てを数値化してしまう今のメジャー、さらには日本のプロ野球には、何か大切なものが欠けているんじゃないかという気がしてならない。

それよりももっと目を向けなければいけないのは、フライボール革命に走った日本の打者の落ちっぷりである。

24年はセ・リーグはヤクルトの村上宗隆が33本、パ・リーグはソフトバンクの山川穂高が34本の本塁打を放って本塁打王のタイトルを獲得した。だが、村上はその2年前の22年は56本の本塁打を放ち、山川も同じく22年には41本の本塁打を放って、そのタイトルを獲得している。

とくに村上は狭い神宮球場をホームとしていながら、わずか2年で20本以上も本塁打を減らしていることから、何かに原因があるとしか思えない――。そう考えてしまうのが普通だろう。

3割打者は5年間でこんなに減った

激減しているのは本塁打だけではない。3割打者も同様に減っている。というよりも、顕著なほど減っている。それを知るためにも、令和に入ってからの、2020年から24年までの5年間、セ・パの両リーグで3割打者は何人いたのかについて見ていく。

【2020年　セ・リーグ】
8人……佐野恵太（DeNA）3割2分8厘、梶谷隆幸（DeNA）3割2分3厘、青木宣親（ヤクルト）3割1分7厘、大島洋平（中日）3割1分6厘、村上宗隆（ヤクルト）3割7厘、高橋周平（中日）3割5厘、宮﨑敏郎（DeNA）3割1厘、鈴木誠也（広島）3割

【2020年　パ・リーグ】
4人……吉田正尚（オリックス）3割5分、柳田悠岐（ソフトバンク）3割4分2厘、近藤健介（日本ハム）3割4分、西川遥輝（日本ハム）3割6厘

【2021年　セ・リーグ】

7人……鈴木誠也（広島）3割1分7厘、坂倉将吾（広島）3割1分5厘、牧秀悟（DeNA）3割1分4厘、近本光司（阪神）3割1分3厘、桑原将志（DeNA）3割1分、佐野恵太（DeNA）3割3厘、宮﨑敏郎（DeNA）3割1厘

【2021年　パ・リーグ】

4人……吉田正尚（オリックス）3割3分9厘、森友哉（西武）3割9厘、杉本裕太郎（オリックス）3割1厘、柳田悠岐（ソフトバンク）3割

【2022年　セ・リーグ】

4人……村上宗隆（ヤクルト）3割1分8厘、大島洋平（中日）3割1分4厘、佐野恵太（DeNA）3割6厘、宮﨑敏郎（DeNA）3割

【2022年　パ・リーグ】

2人……松本剛（日本ハム）3割4分7厘、吉田正尚（オリックス）3割3分5厘

【2023年　セ・リーグ】

3人……宮﨑敏郎（DeNA）3割2分6厘、西川龍馬（広島）3割5厘、サンタナ（ヤクルト）3割

【2023年　パ・リーグ】

2人……頓宮裕真（オリックス）3割7厘、近藤健介（ソフトバンク）3割3厘

【2024年　セ・リーグ】

2人……タイラー・オースティン（DeNA）3割1分6厘、サンタナ（ヤクルト）3割1分5厘

【2024年　パ・リーグ】

1人……近藤健介（ソフトバンク）3割1分4厘

こうして見ていくと、わずか5年の間に、3割打者が少なくなっているのが顕著であると分かる。

20年は新型コロナウイルスが拡大したことにより、試合数も通常のシーズンの143試合から120試合と、通常のレギュラーシーズンよりも23試合も大幅に減ったが、それで

も3割打者はセ・パの両リーグを合わせて12人もいた。

けれども、24年はセ2人、パ1人のたった3人しかいない。これだけ見ても、24年シーズンはいかに3割打者が少なかったかがよく分かる。

今のボールは「飛ばない」というのはウソ

数字で24年シーズンはあまりにも打てなかったことがよく分かったが、ちまたの野球ファンの間ではこんなことまで言われるようになった。

「今のプロ野球は、飛ばないボールを使っているから仕方がない」

これについても先ほどと同様、「?」である。いったい誰がこんなことを言い出したのか、私が聞きたいくらいだ。

昨年、ネットを中心にこんな話題が出てきていたので、私なりにいろいろ調べてみたのだが、NPBから「今のボールは飛ばなくなっている」という発表はされていないし、同じ野球解説者仲間にもそれとなく聞いてみても、

「いったい誰がそんなことを言っているんですか？　以前と変わっていないはずですよ」

と言われてしまうありさまである。

たしかに2011年に導入された統一球に、反発係数が規定を下回るボールが混在していたことが分かり、問題となったこともあったが、今のボールについては、飛ばなくなっているなんていう発表をNPBからされてもいなければ、どこかの球団が調査機関に依頼して、「今のボールは飛ばなくなっている」ということが実証されたという話も聞かない。

そうなると、打者の技術の問題となるのだが、多くの野球ファンはそこに目を向けようとしない。

そもそもバッティングなんていうものは、もともと非力な打者が一本足で勢いつけてブンブン振り回したところで、成績が良くなるというものではない。そんなことをすれば打てない打者が、さらに打てなくなるだけだ。つまり、「誰もがメジャーリーガーのような打撃ができるわけではない」ということ自覚しなければならない。

元来から反対方向に打つのがうまい打者であれば、その技術をさらに磨いていけばいいし、アベレージヒッターであるというのであれば、どのコースに投げられても打ち分ける技術を身に付ければいい。それができてこそ、初めて「自分の特長を生かした打者」となり得るわけだ。

2025年、注目の1人目は甲斐拓也

そこで注目したい1人目が、ソフトバンクからＦＡで移籍し、今年から巨人の一員となった甲斐拓也である。

甲斐がレギュラーになった２０１７年から24年までの８年間で、ソフトバンクはリーグ優勝３回、日本一４回を記録した。チームの司令塔を担う正捕手が移籍したとなれば、ソフトバンクは今年も優勝できるのかが注目されるし、移籍先の巨人でも優勝に導けるのかが注目されている。

もしソフトバンクが優勝できなければ「甲斐の存在は大きかった」となるだろうし、巨人が優勝すれば、「やっぱり甲斐が来てくれたからだ」という評価になるだろうが、ソフトバンク、巨人共に逆の結果となれば、

「別に甲斐の存在どうこうではなかった。甲斐がいたからソフトバンクは優勝できていたわけでもないし、甲斐が来たって巨人は優勝できなかった」

となってしまう。

巨人には岸田行倫、大城卓三、小林誠司ら捕手がそろっているだけに、甲斐を獲得した

ことはあまり意味がないと私は見ているのだが、甲斐自身の今年に懸ける思いは並々ならぬものがあるだろうし、野球人生の全てを懸けて臨む一年となるに違いない。

もう一方で注目したいのは、彼の打撃である。足を高々と上げて下から上にブンブン振り回す。彼は決して本塁打を打てるような打者ではないはずなのに、あんなに振り回すのは打てなくなる一方ではないかと、ソフトバンク時代から危惧していた。それが証拠に、本塁打の数も、21年までは3年連続で2ケタの本塁打を打っていたが、22年は1本、23年は10本と盛り返すも、24年は5本に終わってしまっている。

新天地、巨人ではどう変わるかを見ていたところ、さっそく春季キャンプ中に、阿部慎之助監督からスイングの指導が入った。おそらく阿部監督から見ても、これまでの甲斐のスイングでは「打てない」と判断したからに違いない。

メジャーのようにブンブン振り回すスタイルから脱却した甲斐の打撃成績は今年向上するのか。私は彼のこの点についても、いい意味で期待を裏切ってくれるのかどうか、シーズンを追って注目していくことにする。

ウエートトレーニングを偏重してはいけない

メジャーで良いとされていることはまだある。それが「ウエートトレーニング」だ。「ウエートをやって筋肉をつければ、プレーそのものが向上する」などと考えている人がいるが、私はこうした意見には賛同しかねる。

たしかにウエートをやれば投手のストレートの球速は上がるだろうし、打者だってバットの芯に当たりさえすれば、飛距離が出るのは間違いない。

だが、言ってみれば、〝パワーが付く〟ただそれだけのことなのだ。

投手の場合、ストレートの球速が上がったとしても、肝心なコントロールが身に付かなければ使いものにならないし、打者とてバットの芯に当てて確実性を高めなければ、何の意味もない。

つまり、筋肉を付ければ筋量が増えるものの、それまであったはずの筋肉の弾性が失われ、関節の可動域が狭まってしまうことが十分考えられる。そうなると、筋肉が邪魔して関節の曲げ伸ばしに影響を及ぼし、自分の感覚にズレが生じてしまう。

この点を理解せず、単に「体を大きくしてパワーをつけたい」という理由だけでウエートトレーニングに走るのは、その後のパフォーマンスに影響が出ることからも非常にリスクがある。

それにウエートトレーニングをやっていても、野球には必要のない筋力をアップさせることにつながり、とんでもない弊害が生まれてしまうことも最近の研究から分かってきた。とくに投手の場合、「ベンチプレス」をやるのはよくない。ご存じの通り、ベンチプレスをやると大胸筋が鍛えられる。だが、大胸筋が発達して硬くなってくると、投球時の「腕のしなり」が減ってしまう。

腕のしなりが減ることは投手にとっては致命的だ。大胸筋が大きくなって無理やり腕のしなりを作ろうとすると、肘の内側の部分が悲鳴を上げてしまう。

「肘の内側に痛みが走るのは、大胸筋が硬くなっていることが原因だ」

と、私と親しい、あるお医者さんも話している。

さらに硬くなった大胸筋は、腕の骨を前方に引き出すことで、肩の前方にも痛みを発生させてしまう。これが俗に言われる「上腕二頭筋腱炎」だ。このケガは上腕二頭筋が問題なのではない。大きく硬くなった大胸筋にこそ問題があると見ている。

私がこう否定してしまうと、

「江本は昔のプロ野球選手だから、否定しているのだ」

と一部の人から言われるが、私とて根も葉もない話をしているわけではない。きちんと裏付けされた証拠があるからこそ、警鐘を鳴らしているに過ぎないのだ。

メジャー経験者の偉大な2人が口にしていたこと

その上ウエートトレーニングによって、つける必要のない筋肉までつけてしまって、それが邪魔をして走攻守に影響を及ぼすことだってある。

かつてロサンゼルス・ドジャースを皮切りに、メジャーで通算１２３勝を挙げた野茂英雄は、ロッカールームの鏡の前で筋肉自慢をしているメジャーリーガーたちを見て、

「彼らにはストレートで追い込んでからフォークボールを投げておけば打たれない」

と、ひらめいたそうだ。実際、追い込んでからのフォークは効果的で、次々バットが空を切るのを見て、「やはり自分の考え方は正しかった」ことが証明できたのだそうだ。

また、メジャーのし烈な競争を生き抜いて、数々の大記録を打ち立ててきたイチローも、ウエートトレーニングの是非を巡っては、

「(ウエートトレーニングは）合わない。ダメです（中略）ライオンやトラだって、ウエートトレーニングはやっていないじゃないですか」

いかにも彼らしいユーモアあふれるコメントを残している。

イチローがウエートトレーニングを試みてみたのが、今から26年前。他の選手と同じように「メジャーリーガーたちにパワーで負けたくない」という理由で、当時の最新のトレーニングマシンを購入し、挑戦してみたそうだ。

それが1999年の後半にピタリとやめてしまった。その理由をイチローは、

「鈴木一朗が持っていたいものを、変なカブトを着せられて、変な感覚でプレーして失われてしまう」

と話していた。つまり「ボールを遠くに飛ばすには、ムキムキの体にならなくてもいい」ことに気が付いたのだ。

そこでイチローは、筋肉をムキムキにするのではなく、「ケガをしないためのトレーニング」を行うようになった。

一例を挙げるなら、大殿筋というお尻の筋肉を鍛えること。この部分を鍛えると、太ももの裏や股関節、膝のケガを予防できるようになるというわけだ。

ケガさえしなければ、今持っている力を最大限に発揮することができる。その上、戦列を離れてチームに迷惑を掛けることもない——。こう考えるに至ったからこそ、イチローは大きなケガをすることなく、現役を全うすることができたのだと思う。

2人目の注目選手は髙橋光成だ!

そうした話を踏まえて、私が注目したい2人目は、西武の髙橋光成である。

2013年夏の甲子園で優勝して翌年のドラフト1位で西武に入団して以降、19年にプロ入り初の2ケタ勝利を挙げると、21年から23年まで3年連続で2ケタ勝利を挙げ続けた。24年も活躍できるのか……と思いきや、まるでプロレスラーのような体つきになっていて、とてもじゃないが彼が投げた時に勝てるイメージがまったく湧かなかった。

それは結果に如実に表れてしまい、24年シーズンは勝ち星なしの0勝11敗という惨憺《さんたん》たる成績でシーズンを終えることとなった。

髙橋の24年が不振だったのは明白である。彼はメジャーのようなウエート熱にハマり、体重をそれまでよりも9kgも増量させた。これではいくら投げてもいい成績を残せるはずがない。

それに輪をかけて、彼の所属する西武の、チームとしての不振も大きかった。24年シーズンは散々な成績に終わった。143試合を戦って49勝91敗3分。首位のソフトバンクとは42ゲームも離されての最下位だった。その上、チーム打率2割1分2厘およびチーム打点数334という成績は、パ・リーグはもとより12球団でも最低であったし、チーム本塁打60本もパ・リーグで最下位だった（セ・リーグ広島の本塁打52本が12球団最低）。投手をやっていた私にしてみても、「いつ点を取ってくれるんだ」と、自暴自棄になったっておかしくない――。そんな心境にすらなる。

チーム状況に責任を転嫁せず、髙橋は「このままではまずい」と危機意識を持ったのだろう。25年は春季キャンプが始まるまでに、体のキレを取り戻すために10kg減量してきた。私が見聞きするに、今年は昨年のような散々な成績で終わらず、2年前、いやそれ以上の成績を残すことも期待できるのではないかと見ている。

3人目の注目選手は「復活なるか」がカギ

さらに、私が注目している3人目に挙げたいのが、中日の中田翔だ。

巨人から移籍して2年目の彼は、それまでよりも15kg以上減量して、春季キャンプに挑んだ。年齢が30代後半に入り、それまでのように動けなくなってきただけでなく、腰にも爆弾を抱え、24年シーズンは活躍らしい活躍ができたのは開幕してから1カ月くらいだけ。あとはリハビリに時間を充てる日々だった。

彼もウエート熱にハマっていた選手の一人だった。日本ハム時代は、広い札幌ドームをホームにしていたことで、「遠くに飛ばそう」という意識が強く働くあまり、ウエートトレーニングで体を大きくし続けてきたのと同時に、食事面でも摂取量を増やした結果、体重が110kgを超えていた。この話だけでも、とてもじゃないが野球をやる体になるとは思えない。

その予感は的中してしまった。日本ハムの晩年以降、とりわけ30歳を過ぎたあたりから毎シーズンのように、故障との闘いだった。そのピークがやって来たのが24年シーズンで、立浪和義前監督が「勝負の年」と意気込んだ3年目だったにもかかわらず、思うような成績が残せずシーズンを終えた。

新監督の井上一樹は中田に対して、「減量しないと試合で起用しない」と指令を出していたようだが、今のところは順調のようである。これが長いシーズンも続けて維持することさえできれば、中田の成績が向上するだけでなく、チームの成績だって上がってくるのではないかと、ドラゴンズファンにとって希望の持てるような見方もしている。

中日はもともと投手陣がいい。抑えのライデル・マルティネスが巨人に移籍したが、彼が抜けた穴は外国人投手や若い清水達也、松山晋也らで埋めることができる。減量した中田の活躍がどのくらいのものなのか、注目していきたい。

海を渡った佐々木朗希の評価はいかに?

海を渡ってメジャーに目を向ければ、大谷翔平に注目したい……と言いたいところだが、打撃に関しては今年も結果を残すだろう。問題は2度の手術を受けた右肘だが、3度目の靱帯断裂となれば投手としては致命傷となるだけに、ロサンゼルス・ドジャースの監督も慎重な起用にならざるを得ない。投手として投げた場合、今年は多くを期待するのは酷だが、無事シーズンを駆け抜けられるかがポイントとなりそうだ。

私が注目しているのは、大谷よりもむしろ今年からドジャースで同僚となった佐々木朗希である。つまり、私が注目したい4人目というわけだ。

彼は日本で過保護なくらい守られた中での5年間のプロ生活を送った。もっと言えば、高校時代からその下地はできていた。甲子園出場を懸けた県大会決勝戦での登板を回避し、プロ入り後もローテーションはおろか、規定投球回に達したシーズンは一度もなく、経験値が低いままで海を渡ることになった。

興味深いのは、日本の野球ファンだ。高校時代に佐々木が決勝で投げなかったのは、「監督の大英断だ」「彼の将来を考えたら当然のことだ」と賞賛し、ドラフト会議で5球団の抽選の結果、ロッテに選択権が渡った時にも、「いい球団に入れた」「ロッテは大事に育ててくれるに違いない」とこれまた賛辞の声が多かった。

実際、佐々木はプロ3年目の2022年4月10日のZOZOマリンスタジアムでのオリックス戦で、28年ぶり、史上16人目となる完全試合を記録。このままスター街道を突き進むかに思われた。

だが、その後は無難にシーズンを過ごして、ロッテを優勝に導くようなこともなく、数々の投手タイトルを獲得することもなく、ポスティングでメジャー移籍することになった。すると、多くの野球ファンからは「まだ球団に貢献していないのに、恩知らずだな」「勝手過ぎるぞ」「日本一になってからメジャー挑戦しろ」などと非難の声が渦巻いた。この中には、5年前の決勝戦での登板を回避したことや、ドラフトでロッテに指名された際に賞賛していた人もいたはずだ。

「世間の声なんてそんなもの」と言ってしまえばそれまでだが、それは今後、実力で証明するほかはないだろう。

まずは「経験値の低さをどう補っていくのか」「故障なく一年間を過ごすことができるか」だ。メジャーのローテーション入りは大変なことだし、私としては5〜6勝でも良いと思っているが……注目である。

最後に注目したい5人目の選手は、やはり田中将大

最後に注目したい5人目の選手は、今年から巨人に移籍した田中将大である。日米通算197勝の右腕は、楽天で200勝を達成することができなかった。

ニューヨーク・ヤンキースから楽天に移籍した2021年、この時点で200勝まであと23勝だった。彼のこれまでの実績からすれば、残り3〜4年あれば十分達成できるだろうとさえ考えられていた。

ところが実際は見立て通りにはうまくいかなかった。21年は4勝（9敗）、22年は9勝（12敗）、23年は7勝（11敗）と、いずれのシーズンも負け越し、24年に至っては右肘の手術明けということもあってわずか1試合に登板しただけの0勝に終わった。

オフに楽天と契約合意に至らず、拾われる形で巨人への移籍となったが、春季キャンプ中からしきりに「今年の田中はやりそうですか？」という質問を、あちこちから盛んに受けた。

楽天時代の晩年はなんやかんや言われたが、今の日本のプロ野球界の投手の中では、トップの成績を誇る投手だ。みんなが気になる選手であることは間違いない。

そこで私は、田中について聞かれたときには、次のように答えた。

「まあ3つは勝つでしょう」

つまり、「200勝は達成できる」と考えているわけだ。これはなにも当てずっぽうで言っているわけではない。きちんとした根拠があってのことだ。

巨人は中日から抑えのライデル・マルティネスを獲得し、6回以降の必勝パターンを盤石なものとした。田中が5回を2、3失点以内にまとめてくれれば、あとは打線との兼ね合い次第だが、勝機が出ると考えてみたっておかしくはない。

それに巨人の首脳陣とて、田中に対して2013年のときのような、24勝0敗という圧倒的な数字を残してくれるとは考えてはいないだろうし、そもそもシーズンを通してローテーションで活躍してもらおうとは考えてはいるまい。シーズンの要所要所できちんと休養を与え、勝負どころの夏場以降に活躍してもらえれば十分――。そう判断していてもおかしくはない。

ましてや24年の菅野智之（現ボルチモア・オリオールズ）のように、15勝3敗の成績を期待するファンも一部にはいるようだが、私はそんな甘いものではないと思う。前年は1年間、二軍暮らしが続いて本調子とはほど遠い状態であったこと、新天地のセ・リーグの打者に慣れるまで多少の時間を要することを考えれば、メリハリをつけた登板回数となることが予想される。

それでも3勝、つまり200勝には到達できるだろうというのが、私の考えだ。

何度も言うが、5回までを投げ切れば、あとは12球団屈指のリリーフ陣に任せればいい。

7回や8回まで投げなくていいことを考えれば、決して高いハードルではない。

ただし、それ以上となると分からない。2ケタ勝つかもしれないし、7、8勝までの数字で終わるかもしれない。それも含めて、今年の田中がどこまで勝つのか、長いシーズンのピッチングに注目したいところだ。

いよいよ2025年のプロ野球が始まった。毎年のように優勝しそうなチームを予想するが、レギュラーの選手が期待通りに活躍するとは限らないし、想像もしていなかった選手がポッと出てきて活躍することもある。

何が起こるか分からないのがプロ野球の醍醐味の一つであることは間違いないが、野球ファンの皆さんが一喜一憂しながら長丁場のシーズンを楽しんでくれることを願っている。

おわりに

今の野球界は恵まれている。私たちの頃と比べても投手、野手共に年俸が高く、日本で頑張って実績を積み重ねていけばメジャーにだって挑戦できる。

昔はそうはいかなかった。ＯＮよりも年俸が高くなることは暗黙の了解で許されず、もちろんメジャーに挑戦なんて夢のまた夢で、シーズンオフに日米野球で対戦できるのが関の山だった。

彼らは彼らで、巨人や12球団の連合チームと対戦することになったのだが、どこか観光気分が抜けていない印象だった。それでもいざ試合になると、日本のチームを圧倒し、「さすがメジャー」と言わしめたものだ。

私自身も、かつてメジャーリーガーと対戦したことがあった。今から47年前となる１９７８年の10月から11月にかけて、シンシナティ・レッズを日本に招待しての日米野球が行われた。当時のレッズといえば、75年、76年と2年連続でワールドシリーズを制覇し、〝安打製造機〟の異名をとったピート・ローズを筆頭に、捕手のジョニー・ベンチ、この年40

本塁打120打点の活躍を見せたジョージ・フォスター、エース投手のトム・シーバーなど、名選手がズラリとそろっていた。

対する日本は、王さんや張本さん、山本浩二さんらが出場し、どうにか勝とうと必死になって戦っていたが、17試合を戦って日本が2勝、レッズが14勝、引き分け1つという結果に終わった。

この時私も甲子園球場で開催された11戦目に先発のマウンドに立った。この年に私は11勝を挙げ、阪神のエースの意地を見せたいと思い、3回を投げて打者12人に対して被安打3、奪三振2、与四球1、失点と自責点ともに1という内容だった。ローズ、フォスター、ベンチのいたレッズ打線を抑えたことが自信となったと言えばそうではなかった。

しかし、今のようにFAやポスティングでメジャー挑戦できる時代だったら、私も挑戦していたに違いない。メジャーの舞台に上がるだけでなく、日本では見られない身体能力のバケモノたちと対戦し、自分の実力を知ることができれば野球人として本望である。

それに年俸だって日本で稼ぐよりも高額でもらうことができる。メジャーで通用しなくなったら、日本に戻らずアメリカで引退し、そのままアメリカに残って悠々自適の生活を送る——。そうなったら「野球解説者の江本」だって、「国会議員の江本」だって誕生しなかっただろうし、「ベンチがアホ」騒動で引退することだってなかった。違った人生を歩んでいたに違いないと思うと、どちらが良かったのかと想像してみるが……。

一方で、今のプロ野球を見ていると、選手が精神的に幼くなっているように見える。安打を打った選手が一塁ベース上でガッツポーズをしたり、ベンチにいる選手も何かしらのパフォーマンスをしていて、マスコミやファンを意識し過ぎではないかと思っている。「プロなんだから安打を打って当たり前、もっと冷静かつ平然としているべきだ」と考えるのは私だけではあるまい。昔のプロ野球選手のように一喜一憂せず、威風堂々としている方が格好いいと考えるプロ野球選手が出てきてほしいとさえ感じている。

今、そうした文化が残っているのは、プロ野球ではなく、大相撲の世界だけだ。昨年の秋場所限りで引退した元大関の貴景勝は、引退後の九州場所で初めて解説を務めていたのだが、現役時代の寡黙さとは真逆に冗舌かつ丁寧で論理立てて話のできる姿を見て、驚きを隠せなかった相撲ファンは多かったに違いない。

貴景勝はアナウンサーから「どんな力士を目指していたのか」と聞かれた時に、「小学校の時にテレビで憧れていた、寡黙で勝っても喜ばない、負けても悔しがらない、昭和のお相撲さんが培ってきた力士像を受け継いでいこうと思って、10年間やらせていただいた」

と断言していた。なるほど、昔のサムライのような精神がここに残っていたのかと感心した。私自身、貴景勝が現役時代に大事にしていた精神を、野球界に取り入れてみるのもいいと思っている。選手は寡黙で技術を愚直なまでに追求し、引退するまでまるでサムライのような精神を追求する。こうした野球選手が出てきたっていいではないか。

平成から令和に突入して以降、私の恩人や仲間が次々と鬼籍に入っていった。ニッポン放送で長くお世話になった深澤弘さんは２０２１年９月に、阪神時代に同級生として、公私ともに仲の良かった古沢憲司は23年８月に、この原稿を書いている最中の25年２月には阪神の監督を務められた「ヨッさん」こと、吉田義男さんが亡くなられた。

いろいろな人に支えられて、あるいは見守られながら、「野球解説者・江本孟紀」は今日まで続き、さらに未来に突き進もうとしている。最近は若い野球解説者も数多く現れてきたが、まだまだ彼らに負けず、球界に意見をしていきたいと思っている。若い人からしたらうっとうしがられるかもしれないが、それも良いではないか。

私と同じ世代や年下の連中に、「ここにまだまだ現役で頑張っているアホがいるぞ」と存在感を示しながら、野球場に足を運ぶ日々を送りたい――。心からそう思うのである。

２０２５年３月
江本　孟紀

令和のおれ、
合《あい》縁《えん》奇《き》縁《えん》

1956年
少年時代の著者。
投球フォームはこのころから変わらず

1960年
高知市立城北
中学校時代の著者

1961年
高知市立潮江
中学校時代の著者

1964年

高知市立高知商業
高等学校でエースとして
活躍（四国大会優勝）

1968年

法政大学時代。
春のリーグ戦で胴上げ投手に。
捕手は田淵幸一

法政大学時代。
高校時代の友人
徳弘利彦、松崎清彦と

1971年

東映フライヤーズの
2軍本拠地、
多摩川グランドで
父が撮影

1971年

背番号49が著者。
背番号10は張本勲、
1は大下剛史、
19が尾崎行雄

1971年

東映フライヤーズのキャンプ地、伊東スタジアム

1973年

パリーグ優勝旅行でハワイへ
中央に著者と野村克也氏

阪神時代、
移動中の著者と田淵幸一氏

1975年

南海ホークス時代。
翌年に阪神タイガースに移籍

1980年

米アリゾナ・テンピ球場。
キャンプでの投球

参議院本会議での代表質問

四国アイランドリーグ・高知ファイティング
ドッグス開幕戦セレモニーで総監督挨拶

高知ファイティングドッグス監督の
駒田徳広氏と開幕イベントにハーレーで登場

スポーツ平和党時代から交流のある
アントニオ猪木氏と

プロ野球中継の解説席で野村克也氏と

2020年11月

「お帰りノムさんプロジェクト」記者会見にて

昭和な野球がオモロい！

2025年4月24日　第1刷発行

著者　江本孟紀

発行者　西山哲太郎
発行所　株式会社日之出出版
〒104-8505
東京都中央区築地5-6-10
浜離宮パークサイドプレイス7階
編集部　☎03-5543-1340
https://hinode-publishing.jp

構成　小山宣宏
デザイン　坂野公一（welle design）
編集　久郷 烈、大川 愛（日之出出版）

発売元　株式会社マガジンハウス
〒104-8003
東京都中央区銀座3-13-10
受注センター　☎049-275-1811

衣装協力　ジョルジオ アルマーニ／
ジョルジオ アルマーニ ジャパン
☎03-6274-7070

印刷・製本　株式会社光邦

Printed in Japan
ISBN978-4-8387-3317-0 C0075